Citations
de culture générale expliquées

Jean-François Guédon
Hélène Sorez

Citations
de culture générale
expliquées

EYROLLES

Éditions Eyrolles
61, Bd Saint-Germain
75240 Paris Cedex 05
www.editions-eyrolles.com

Mise en pages : Istria

© Groupe Eyrolles, 2008
ISBN 978-2-212-54007-9

Sommaire

Introduction 7

Chapitre 1 : L'histoire 9

Chapitre 2 : Les religions 39

Chapitre 3 : La philosophie 67

Chapitre 4 : La littérature 97

Chapitre 5 : Les arts 129

Table des matières 157

Introduction

> « *Et nos poèmes, encore s'en iront sur la route des hommes, portant semence et fruit dans la lignée des hommes d'un autre âge.* »
>
> Saint-John Perse, *Vents, IV.*

Nous vous invitons à partager des mots célèbres et des citations classiques qui font partie de notre héritage historique et de notre ciment culturel commun.

Les citations nous aident à construire et à exprimer notre propre pensée à propos des grandes questions qui préoccupent l'humanité.

C'est pourquoi nous avons choisi de vous présenter près de cinq cents citations organisées autour de cinq thèmes principaux :

▶ L'histoire

▶ Les religions

▶ La philosophie

▶ La littérature

▶ Les arts

Pour cet ouvrage, outre nos annotations personnelles au cours de lectures, nous avons compulsé des dizaines de recueils de citations, parus à diverses époques, et autant de sites Internet. Il nous est impossible de tous les citer. Chacun des chapitres suit sa propre logique :

- ► Pour l'histoire, nous présentons des réflexions générales sur l'histoire, ensuite des citations appartenant à l'histoire de l'humanité, puis plus spécifiquement à l'histoire de France.

- ► Le chapitre sur les religions se compose de citations de philosophes, de penseurs et d'écrivains, puis de citations des textes fondateurs des cinq religions les plus répandues dans le monde : judaïsme, christianisme, islam, hindouisme et bouddhisme.

- ► Le chapitre suivant définit la philosophie à l'aide de citations, puis présente chronologiquement des citations des plus grands penseurs pour permettre au lecteur d'avoir un vaste panorama des idées philosophiques.

- ► Le chapitre sur la littérature est construit selon le même principe.

- ► Enfin, le cinquième chapitre, sur les arts, réunit des citations sur l'art en général, puis sur la peinture, l'architecture, la musique et enfin le 7e art – le cinéma.

Chapitre 1

L'histoire

Vous trouverez dans ce chapitre cent mots historiques et autres citations. Après vous avoir donné quelques éléments de repères chronologiques (sur la préhistoire et sur les grandes périodes historiques), nous vous présenterons des réflexions sur l'histoire. Puis viendront deux grands recueils de citations de l'histoire du monde (depuis les Grecs jusqu'à Nelson Mandela) et de l'histoire de France (depuis Clovis jusqu'à Charles de Gaulle, en passant par Valéry Giscard d'Estaing et François Mitterrand).

Réflexions sur l'histoire

« L'histoire est un perpétuel recommencement. »

Thucydide (470-400 av. J.-C.) est le plus illustre des historiens de l'Antiquité. Grande œuvre : *Histoire de la guerre du Péloponnèse*. Il s'efforça de montrer les causes profondes des événements, en donnant leur importance véritable aux faits économiques et sociaux.

« L'histoire, ce témoin des siècles, cette lumière de la Vérité, cette vie de la mémoire, cette maîtresse de la Vie... »

Cicéron (106-43 av. J.-C.), le plus célèbre des orateurs romains.

« La chronologie et la géographie sont les deux yeux de l'Histoire. »
« En Histoire, il faut se résoudre à beaucoup ignorer. »

Anatole France (1844-1924) a été, après Victor Hugo, et avant Paul Valéry, l'un des maîtres à penser de la IIIᵉ République.

« L'histoire de toutes les sociétés jusqu'à nos jours
est celle de la lutte des classes. »
Karl Marx (1818-1883), *Manifeste du parti communiste*, 1848.

« Chacun fait, à un moment ou à un autre de sa vie,
sa rencontre avec l'Histoire. »
Pierre Miquel (né en 1930), *Lettre ouverte aux bradeurs de l'histoire*.

« L'histoire est un roman qui a été, le roman est de l'histoire
qui aurait pu être. »
Edmond et Jules de Goncourt (1822-1896 et 1830-1870), *Journal*.

Les grandes périodes historiques

La **Préhistoire** comprend les faits ou événements survenus avant
l'invention de l'écriture et de la métallurgie.

L'**Antiquité** s'étend, selon les historiens, jusqu'au partage de l'Empire
romain (an 395), ou jusqu'à la chute de l'Empire romain d'Occident
(an 476).

Le **Moyen Âge** commence au Ve siècle et s'achève, selon les historiens,
au milieu ou à la fin du XVe siècle soit en 1453, chute de l'Empire romain
d'Orient et fin de la guerre de Cent Ans, ou en 1492, découverte de
l'Amérique par Christophe Colomb.

Les **Temps modernes** débutent au XVe et s'interrompent à la fin du
XVIIIe siècle (Révolution française de 1789). Ils incluent la **Renaissance**, le
siècle classique et le **Siècle des lumières**.

L'**histoire contemporaine**, c'est-à-dire notre époque, s'ouvre en 1789.
Pour beaucoup d'historiens, le XIXe siècle commence seulement en 1815
(Congrès de Vienne) et se prolonge jusqu'en 1914. De même, si
officiellement le XXIe siècle a débuté le 1er janvier 2001, c'est la date du
11 septembre 2001 (attentat meurtrier aux États-Unis et destruction du
World Trade Center) que les historiens retiendront certainement
comme l'entrée dans une ère nouvelle.

> « Le roman est l'histoire du présent, tandis que l'histoire
> est le roman du passé. »

Jean Guéhenno (1890-1978), d'origine bretonne très modeste, devint inspecteur général de l'Éducation nationale, et fut l'un des grands intellectuels du Front populaire.

> « Il est nécessaire de connaître le passé pour comprendre le présent,
> mais la connaissance de l'actualité permet aussi
> de mieux comprendre le passé. »

Marc Bloch (1886-1944) a fondé avec Lucien Febvre l'école des Annales. Il a bien montré dans cette phrase l'interaction entre l'Histoire et l'actualité.

> « Quand il s'agit d'histoire ancienne, on ne peut pas faire d'histoire,
> parce qu'on manque de références. Quand il s'agit d'histoire
> moderne, on ne peut pas faire d'histoire,
> parce qu'on regorge de références. »

Charles Péguy (1873-1914). C'est une réflexion pessimiste de notre grand poète tué à la veille de la bataille de la Marne.

Nos ancêtres dans la préhistoire

Lucy est le nom familier donné à un squelette d'australopithèque, daté de plus de trois millions d'années, découvert en 1974 dans la Rift Valley en Éthiopie.

Toumaï a été découvert au Tchad en 2001. Ses restes datent de près de sept millions d'années.

Les premiers hommes ont près de deux millions d'années. *Homo habilis* a été découvert en Éthiopie et en Tanzanie, *Homo ergaster* (l'artisan), au Kenya.

L'homme de **Néanderthal**, trouvé en Allemagne, a peuplé l'Europe et le Proche-Orient environ 100 000 ans avant notre ère et s'est éteint il y a quelque 30 000 ans.

Le premier *Homo sapiens* a été découvert sur le site de **Cro-Magnon** (Dordogne), en 1868. Son expansion date d'environ 30 000 ans mais des formes plus anciennes ont été trouvées en Afrique.

Citations de l'histoire mondiale

Antiquité

Nos ancêtres nous ont laissé bien des documents depuis l'invention de l'écriture, mais il s'agit surtout de textes religieux (les premiers livres de la Bible), ou de récits légendaires (Homère, *L'Iliade* et *L'Odyssée*). Il faut attendre le Ve siècle avant notre ère pour qu'advienne un véritable historien. Le grec Hérodote (v. 484-v. 425 av. J.-C.) est considéré comme le « père de l'histoire ». Dans ses livres écrits en dialecte ionien littéraire sous le titre *Histoires*, il traite principalement des guerres médiques, luttes entre le monde grec et le monde barbare. L'histoire méthodique poursuit ses progrès avec Thucydide (470-400 av. J.-C.), auteur d'une *Histoire de la guerre du Péloponnèse*, et Xénophon (v. 430-v. 355 av. J.-C.).

« Thalassa ! Thalassa ! » (« La mer ! La mer »)

Xénophon, *l'Anabase*. Cri répété par les soldats grecs conduits par Xénophon lorsqu'ils atteignirent les rivages de la mer Noire. Il s'agit du célèbre épisode des dix mille mercenaires grecs, qui accomplirent une marche périlleuse pour revenir d'Assyrie vers leur patrie. Xénophon, qui en fit le récit dans *l'Anabase*, a été un précurseur remarquable dans le domaine de la pédagogie comme dans celui de la science économique.

« Vae victis ! » (« Malheur aux vaincus ! »)

Formule attribuée au chef gaulois Brennus, vainqueur des Romains, qui se serait emparé de Rome en 390 av. J.-C. Ayant exigé une rançon en or, il aurait jeté son épée dans la balance pour alourdir le tribut.

« Encore une victoire comme celle-là, et nous sommes perdus. »

Mot attribué au chef de guerre grec Pyrrhus (319-272 av. J.-C.), roi d'Épire, qui avait remporté une victoire coûteuse sur les Romains. D'où, par la suite, le succès de l'expression « *victoire à la Pyrrhus* ».

© Eyrolles Pratique

« Alea jacta est ! (« Le sort en est jeté. »)

Formule attribuée à Jules César (101-44 av. J.-C.) au moment de franchir le Rubicon en l'an 50 av. J.-C. Le Rubicon était un petit fleuve côtier, tributaire de l'Adriatique, qui marquait la frontière entre la Gaule cisalpine et l'Italie proprement dite. Il était interdit à tout général romain de franchir cette frontière avec des troupes (par crainte de coups d'État).

« Veni, vidi, vici. » (« Je suis venu, j'ai vu, j'ai vaincu. »)

Compte rendu lapidaire de Jules César à la suite d'une victoire facile en Asie Mineure.

« Tu quoque, mi fili ! » (« Toi aussi, mon fils. »)

Derniers mots que Jules César prononça avant de mourir, reconnaissant son fils adoptif Brutus parmi les assassins.

Jules César (101-44 av. J.-C.)

Jules César fut à la fois homme politique, orateur, général, grand conquérant et écrivain (*La Conquête des Gaules*). Il aspira très vite au pouvoir suprême.

Il amorce sa carrière en s'appuyant sur le parti populaire seul capable de briser Pompée et avec lui le sénat romain.

Successivement questeur, édile curule, préteur, grand pontife, il fait alliance avec Pompée et Crassus pour constituer un premier puis un second *triumvirat*. Proconsul de diverses régions et notamment de la Gaule cisalpine, il conquiert la Gaule (de 58 à 51 av. J.-C.).

Il marche sur Rome, occupe l'Italie, écrase Pompée à Pharsale où ce dernier est assassiné. Il donne ensuite le trône d'Égypte à la reine Cléopâtre et réorganise l'Orient.

Son pouvoir est immense et sur le point de se transformer officiellement en dictature, mais il est assassiné par une conspiration de sénateurs. Le coup fatal lui est porté par son fils adoptif Brutus.

À noter que Jules César n'a jamais été empereur. C'est dans le cadre républicain qu'il exerça son pouvoir. Sa mort marque la fin de la République romaine qui laisse la place à l'Empire romain (dont le premier empereur est Auguste, petit-neveu et successeur de César).

L'Empire romain

L'Empire romain se divise en deux périodes, le Haut et le Bas-Empire. Il est dirigé par un empereur, mais cette dignité n'est pas héréditaire.

Le Haut-Empire, commence en 27 av. J.-C. Il est gouverné pendant deux siècles selon les principes d'Octave-Auguste.

Les provinces sont administrées avec équité, les cités organisées à l'image de Rome. Cette époque constitue le sommet de la littérature avec Virgile, Horace, Tite-Live.

La plèbe est entièrement à la charge de l'État pendant que l'élite qui s'intéresse à des systèmes philosophiques hérités des Grecs – l'épicurisme, le pythagorisme, le stoïcisme – se détourne de l'ancienne religion romaine. Divers signes de décadence apparaissent, le christianisme commence sa conquête.

Les premiers empereurs ont été : Auguste, Tibère, Caligula, Claude, Néron, ce dernier de funeste mémoire.

Le Bas-Empire débute en 192, à la mort de l'empereur Commode. L'empereur Caracalla donne le droit de cité romaine à tous les habitants libres de l'Empire.

Au cours du IIIe siècle, l'Empire manque de se disloquer, mais un redressement durable s'opère sous Dioclétien. Après de nouvelles guerres civiles, Constantin accorde aux chrétiens le droit d'exercer leur religion. Il crée une nouvelle capitale, Constantinople.

L'Empire connaît épisodiquement des guerres civiles. Les deux fils de Théodose (359-395) se partagent l'Empire ; il y en a désormais deux, l'Empire d'Orient et l'Empire d'Occident.

L'Empire d'Orient ou Empire Byzantin survivra jusqu'à la fin du Moyen Âge (prise de Constantinople par les Turcs en 1453).

L'Empire d'Occident est vite submergé par les invasions barbares, notamment celles des Wisigoths, des Francs, des Burgondes et des Vandales. Il s'effondre en 476 lorsque le dernier empereur, Romulus Augustule, est déposé par le roi barbare Odoacre.

Époques moderne et contemporaine

« Un cheval ! Un cheval ! Mon royaume pour un cheval ! »

Paroles attribuées à Richard III (1452-1485), roi d'Angleterre, vaincu à la bataille de Bosworth. Elles ont été reprises dans la célèbre tragédie de Shakespeare (1564-1616), *Richard III*.

« J'ai vu plus de quatre-vingts ans de douleur, et chaque heure de joie s'est toujours brisée sur une semaine d'angoisse. »
William Shakespeare, *Richard III.*

« Et pourtant, elle tourne ! »

Phrase prononcée par Galilée (Galileo Galilei, 1564-1642), contraint d'abjurer par l'Inquisition. Il passa les dernières années de sa vie en résidence surveillée. L'astronome polonais Nicolas Copernic (1473-1543) avait déjà exposé la théorie de l'héliocentrisme (c'est la Terre qui tourne autour du Soleil, et non l'inverse) dans un ouvrage paru l'année de sa mort, *De revolutionibus orbium coelestium. Libri sex.*

« Le doute est le père de la création. »

Formule de Galilée sur la valeur scientifique du doute.

« L'ordre règne à Varsovie. »

Phrase attribuée au ministre français des Affaires étrangères, Sébastiani, après l'écrasement par les Russes de la Révolution polonaise de 1830. Il avait été interpellé sur la situation en Pologne. Cette réponse « à la Ponce Pilate » lui fut beaucoup reprochée.

« Dieu est trop haut, et la France est trop loin. »

On attribue aux mêmes malheureux Polonais, si longtemps martyrisés au cours de l'histoire, cette formule de désespoir.

« La Fayette, nous voilà ! »

Ces mots ont été prononcés par les officiers américains venant au secours de la France en 1917-1918. Il s'agissait d'un hommage à La Fayette, jeune officier qui avait traversé l'Atlantique en 1777 pour se joindre aux combattants américains en lutte pour leur indépendance contre la Grande-Bretagne.

« Pour tout homme, le premier pays, c'est sa patrie,
et le second c'est la France. »

Belle formule de Thomas Jefferson (1743-1826), auteur de la Déclaration d'indépendance et troisième président des États-Unis.

« Le communisme, c'est les Soviets, plus l'électricité. »

Sentence employée en 1920 par Lénine (1870-1924), devant le congrès des soviets de Russie. Il voulait ainsi illustrer l'apport du communisme, sur le plan économique comme sur le plan politique.

« Tant que l'État existe, pas de liberté ;
quand règnera la liberté, il n'y aura plus d'État. »

« Le peuple n'a pas besoin de liberté, car la liberté est une des formes
de la dictature bourgeoise. »

Lénine, *L'État et la Révolution*.

Lénine (1870-1924)

Vladimir Ilitch Oulianov de son vrai nom, théoricien original, homme d'action et d'organisation, Lénine mène la révolution marxiste à la victoire et jette les bases du système soviétique. Il fut considéré de son vivant comme le véritable père de la Révolution russe.

Après la révolution d'Octobre (1917), la plupart des mots d'ordre des bolcheviks (partisans de Lénine) sont adoptés (paix, terre aux paysans, séparation de l'Église et de l'État, égalité des hommes et des femmes, contrôle ouvrier des entreprises, nationalisations). Lénine crée ensuite l'Armée rouge.

Devant les difficultés et notamment la famine, il rétablit partiellement l'économie capitaliste avec la nouvelle politique économique (NEP), tout en maintenant la lutte des classes.

À la fin de sa vie il était très critique vis-à-vis de Staline qu'il considérait comme « trop brutal ». L'histoire lui a donné raison sur ce point !

© Eyrolles Pratique

« Une nouvelle donne pour le peuple américain. »

Thème de la campagne présidentielle menée en 1932 par Franklin Delano Roosevelt (1882-1945). L'impératif prioritaire était de lutter contre la « grande crise » qui avait frappé durement l'économie mondiale et la société américaine.

« Faites quelque chose, et si cela ne réussit pas, essayez autre chose.
[...] Il est dur d'échouer, mais il est pire encore
de n'avoir jamais tenté de réussir. »

Franklin Delano Roosevelt.

Franklin Delano Roosevelt (1882-1945)

Né en 1882, il est le trente-deuxième président des États-Unis et le seul à avoir été élu pour quatre mandats successifs (1933, 1936, 1940, 1944). Il meurt au cours de ce quatrième mandat en avril 1945, à l'âge de 63 ans. À son arrivée au pouvoir, il y a 13 millions de chômeurs aux États-Unis et il lutte contre la Grande Dépression par la politique du New Deal (« nouvelle donne » politique et économique, et nouvelle redistribution des richesses). Il rétablit la confiance dans le système bancaire américain et lance des programmes de travaux publics, qui permettent aux chômeurs de trouver du travail. Puis il prend quelques mesures sociales.

Lors de la Seconde Guerre mondiale, les États-Unis soutiennent la France et le Royaume-Uni et leur fournissent des armements. Mais ce n'est qu'en décembre 1941, après l'attaque de Pearl Harbor (7 décembre 1941), qu'ils déclarent la guerre au Japon, allié de l'Allemagne hitlérienne.

Une fois le conflit équilibré sur le front du Pacifique par la victoire aéronavale des îles Midway, les États-Unis participent aux côtés des Britanniques à l'opération Torch en Afrique du Nord (fin 1942), puis aux débarquements en Italie (1943) et en France (le 6 juin 1944 en Normandie, puis en août en Provence).

En accord avec Churchill et Staline, Roosevelt impose aux puissances de l'Axe une capitulation sans condition, et il participe en 1945 à la conférence de Yalta. Cette conférence définit l'équilibre du monde de l'après-guerre. Les trop grandes concessions faites à Staline auront pour conséquences de maintenir les peuples d'Europe de l'Est sous la férule soviétique jusqu'à la disparition de l'URSS en 1990-1991.

1. L'histoire

« Le pape ? Combien de divisions ? »

Boutade attribuée à Joseph Staline (1879-1953), au cours d'une négociation avec le président du Conseil Pierre Laval en visite à Moscou en 1935. Quelque cinquante années plus tard, le soutien apporté par le pape Jean-Paul II au syndicat Solidarność et au mouvement social polonais a été l'un des facteurs déterminants de la chute du régime soviétique en Europe de l'Est...

« La mort d'un homme est une tragédie.
La mort d'un million d'hommes est une statistique. »

« Ce qui compte, ce n'est pas le vote, c'est comment on compte les votes. »

Joseph Staline.

Joseph Staline (1879-1953)

Né en 1879, mort en 1953, Joseph Staline adhère, comme bolchevik, aux thèses de Lénine, et participe à la révolution d'Octobre en 1917, devient secrétaire général du parti communiste d'Union soviétique en 1922. Après l'élimination de ses rivaux en 1928, il s'impose comme seul maître de l'URSS jusqu'à sa mort.

Il mène une politique de collectivisation des terres et de développement des industries lourdes. De 1935 à 1939, il lance les premières purges en faisant déporter dans les goulags les opposants au régime et pratique à grande échelle le déplacement de population.

À la surprise générale, en 1939, il signe le pacte germano-soviétique avec l'Allemagne nazie. Hitler se retourne vite contre l'URSS, qu'il attaque en juin 1941, mais Staline est finalement victorieux sur le front de l'Est. Cela lui donne un prestige mondialement reconnu.

Il impose alors sa politique à toutes les nations libérées par l'Armée rouge, plonge l'Europe et le monde dans la guerre froide, et impose son autorité par la force et de nouvelles purges.

« Je n'ai rien d'autre à offrir que du sang, de la peine, de la sueur et des larmes. »

Discours de Winston Churchill (1874-1965) devant la Chambre des communes en mai 1940. Churchill voyait clairement que la guerre face aux puissances de l'Axe serait très longue et très dure.

« Il n'y a qu'une réponse à la défaite, et c'est la victoire. »

« De Stettin dans la Baltique, jusqu'à Trieste dans l'Adriatique,
un rideau de fer s'est abattu sur l'Europe. »

Winston Churchill. Après la victoire finale en 1945, c'est une autre menace qui s'est abattue sur l'Europe : celle de l'URSS et de la dictature stalinienne. D'où, en mars 1946, un discours à la fois réaliste et prémonitoire de Churchill sur la notion de « rideau de fer ».

Winston Churchill (1874-1965)

Homme politique britannique, deux fois Premier ministre, pendant la Seconde Guerre mondiale et de 1951 à 1955. Leader du parti conservateur, il fut l'un des principaux artisans de la victoire des Alliés sur l'Allemagne nazie.

Lors de ce qu'on appelle la bataille d'Angleterre, ses discours passionnés conduisirent les Britanniques à poursuivre la lutte. Il fit alliance avec Roosevelt, président des États-Unis, et occupa pendant toute la guerre une place primordiale dans la coordination militaire alliée qui réussit le débarquement de Normandie.

« Paris brûle-t-il ? »

Question posée et réitérée par Hitler au cours de l'été 1944 : il avait ordonné la destruction totale de la capitale.

« Le Führer réitère son ordre [...] Il faut intervenir avec les moyens
les plus énergiques [...] La destruction des ponts de la Seine sera
préparée. Paris ne doit pas tomber aux mains de l'ennemi, ou
l'ennemi ne doit trouver qu'un champ de ruines. »

Télégramme d'Adolf Hitler au général von Choltitz, le 23 août 1944. Heureusement, von Choltitz, aidé par le consul de Suède Raoul Nordling, réussit à temporiser. De même, après le 25 août, jour de la libération de Paris, les instructions données par Hitler de bombarder Paris avec des V1 et des V2 ne furent pas exécutées.

« L'humanité court à son suicide si le monde n'accepte pas
la non-violence. »

Thème développé dans ses discours ou ses écrits par le mahatma Gandhi
(1869-1948), notamment après l'apparition du péril nucléaire.

« Je n'aime pas le mot tolérance, mais je n'en trouve pas
de meilleur. »
« Sans doute serais-je chrétien, si les chrétiens l'étaient
vingt-quatre heures par jour. »
« Nos progrès en tant que nation dépendront de nos progrès
en matière d'éducation. L'esprit humain est
notre ressource fondamentale. »

Mahatma Gandhi.

« Ich bin ein Berliner ! » (Je suis un Berlinois !)

Le Président américain John Fitzgerald Kennedy prononça en allemand
cette phrase demeurée célèbre lors d'une visite à Berlin en 1963.

John Fitzgerald Kennedy (1917-1963)

John Fitzgerald Kennedy a été président des États-Unis du 20 janvier
1961 au 22 novembre 1963, date de son assassinat à Dallas.
Démocrate, issu d'une grande famille catholique américaine, charis-
matique et populaire, il cherche à relancer l'expansion aux États-
Unis, lutte contre la pauvreté et la discrimination raciale et s'oriente,
à l'international, vers une politique de coexistence pacifique.

« C'est un petit pas pour un homme, mais un bond gigantesque
pour l'humanité. »

Phrase de l'astronaute américain Neil Armstrong, le 20 juillet 1969, au
moment où il posait le pied sur la Lune. L'exploit a été retransmis en direct
par la télévision dans le monde entier. Cette image est l'une des plus célèbres de l'histoire du XXe siècle.

La conquête de l'espace

Elle fut l'une des grandes aventures de la seconde moitié du XXe siècle, largement marquée par la concurrence entre les États-Unis et l'URSS, alors en pleine guerre froide.

1957 : premier vol spatial du satellite soviétique *Spoutnik*.

1958 : premier satellite américain, *Explorer*, et création de la **NASA**.

1961 : vol orbital du Russe **Iouri Gagarine** (le 12 avril) et de l'Américain **Alan Shepard** (le 5 mai).

1965 : **première sortie dans l'espace.**

1968 : les hommes sortent de l'attraction terrestre (*Apollo 8*) et voient la face cachée de la Lune.

1969 : premiers pas de l'homme sur la Lune (**Neil Armstrong** et **Buzz Aldrin**).

1975 : premier rendez-vous orbital américano-soviétique *Apollo-Soyouz*.

1975-1979 : explorations diverses de Vénus, Mars, Saturne.

1979 : lancement de la première fusée *Ariane*.

1982 : premier Européen dans l'espace, **Jean-Loup Chrétien**.

1986-1989 : survol d'Uranus, de la comète de Halley, de Neptune.

1998 : premier module de la **station spatiale** internationale.

2001 : destruction volontaire de la station Mir ; Dennis Tito, premier « touriste de l'espace ».

2003 : premier vol habité réalisé à partir de la Chine.

2004-2005 : exploration de Mars, de Titan.

« L'histoire de l'humanité est un mouvement constant du règne de la nécessité vers le règne de la liberté. »

Phrase prononcée par l'un des pires dictateurs qu'a connu le XXe siècle, Mao Zedong (1893-1976).

« Tous les réactionnaires sont des tigres de papier. »

Mao Zedong.

Mao Zedong (1893-1976)

Né dans le Hunan d'une famille paysanne aisée, Mao Zedong obtient en 1918 un emploi d'aide-bibliothécaire à l'université de Pékin, et découvre la doctrine marxiste. Il participe aux luttes intérieures de la Chine et du parti communiste chinois (PCC). Il prend définitivement la tête du PCC après l'épisode de la Longue Marche vers le nord-ouest du pays. Après la défaite du Japon en 1945, Mao Zedong triomphe contre les troupes nationalistes de Jiang Jieshi (Tchang Kaï-chek), et proclame la République populaire de Chine à Pékin, en 1949.

« L'Europe est notre maison commune. »

Formule fréquemment répétée et illustrée dans ses discours par Mikhaïl Gorbatchev (1931-2007), secrétaire général du parti communiste de l'URSS en 1985 et président jusqu'en décembre 1991.

« L'humanité a à faire face à une multitude de problèmes plus importants les uns que les autres ; on ne peut résoudre ces problèmes qu'ensemble. »

Mikhaïl Gorbatchev, extrait du discours prononcé lors de la conférence de la Paix, le 30 octobre 1991.

Mikhaïl Gorbatchev (1931-2007)

Né en 1931, il adhère au parti communiste en 1952. Il est remarqué par Iouri Andropov, chef du KGB. Il est élu au comité central à 40 ans et au Politburo à 49 ans.

Dans une URSS en perte de vitesse, avec une économie dépassée par celle du Japon et de la RFA et bientôt de la Chine, un contentieux territorial permanent avec les pays limitrophes et l'hostilité des États-Unis, il tente de sauver le système par des réformes telles que la *glasnost* (transparence) et la *perestroïka* (c'est-à-dire la restructuration), et de relancer l'économie. Il ouvre le dialogue avec Ronald Reagan, président des États-Unis.

En 1988, il décide de retirer les troupes soviétiques d'Afghanistan, et il reçoit en 1990 le prix Nobel de la paix pour sa contribution à la fin de la guerre froide.

Mais les tentatives de réformes de l'économie aggravent les difficultés du pays. Il est écarté du pouvoir par les ultras du parti soviétique qui le considèrent comme le fossoyeur du régime. Finalement, il est remplacé par Boris Ieltsine.

« Le communisme en tant que système s'est révélé un remède
plus dangereux que la maladie elle-même. »

Jean-Paul II (1920-2005).

« N'ayez pas peur. »

Jean-Paul II, parlant à ses compatriotes polonais.

« Veillez par tous les moyens sur cette souveraineté fondamentale
que possède chaque nation en vertu de sa propre culture.
Protégez-la comme la prunelle de vos yeux pour l'avenir
de la grande famille humaine. »

Jean-Paul II, s'adressant à toutes les nations.

« France, fille aînée de l'Église, es-tu fidèle aux promesses
de ton baptême ? »

Jean-Paul II apostrophe ainsi la France lors de sa première visite dans
l'Hexagone en 1980.

« Être libre, ce n'est pas seulement se débarrasser de ses chaînes ;
c'est vivre d'une façon qui respecte et renforce la liberté des autres. »
« Un homme qui prive un autre homme de sa liberté est prisonnier
de la haine, des préjugés et de l'étroitesse d'esprit. »
« Pour faire la paix avec un ennemi, on doit travailler avec cet
ennemi, et cet ennemi devient votre associé. »

Nelson Mandela (né en 1918), *Un long chemin vers la liberté.*

« En faisant scintiller notre lumière, nous offrons aux autres
la possibilité d'en faire autant. »

Nelson Mandela, lors de son discours d'investiture à la présidence de la
République d'Afrique du Sud, mai 1994.

Citations de l'histoire de France

Époques médiévale et moderne

« Dieu de Clotilde, si tu me donnes la victoire, je me ferai chrétien. »

Phrase historique prononcée par Clovis (466-511) à la bataille de Tolbiac (Zülpich, en Allemagne). Son armée se trouvait en situation difficile face aux Alamans. Le sort lui ayant été favorable, Clovis se fit baptiser avec 3 000 de ses guerriers. Il fut ainsi le premier grand roi barbare converti au christianisme.

« Souviens-toi du vase de Soissons. »

Clovis, en fracassant d'un coup de francisque le crâne d'un de ses soldats qui avait brisé un vase précieux à Soissons, bien des années auparavant.

Clovis, roi des Francs (466-511)

En un sens, Clovis est le premier grand nom de l'histoire de France.
Son épouse Clotilde, fille du roi des Burgondes, contribua à sa conversion au catholicisme.
Outre la victoire de Tolbiac (496 ou 506), il remporta une grande victoire à Vouillé, près de Poitiers (507), contre le roi wisigoth Alaric et une coalition de rois barbares.
À la mort de Clovis, son royaume fut partagé entre ses quatre fils, ce qui fut la source de graves perturbations.

« Qui t'a fait roi ? »

Question posée par un seigneur en réponse à Hugues Capet (941-996), devenu roi de France en 987, qui lui avait demandé : « *Qui t'a fait comte ?* »

Les Capétiens

La dynastie fondée par Hugues Capet fut au pouvoir de 987 à 1328.
Voire jusqu'en 1848, si l'on prend en compte les branches collatérales qu'étaient les Valois, puis les Bourbons.
Il y eut trente-six rois de France depuis Hugues Capet jusqu'à Louis-Philippe, « roi des Français », chassé par la révolution de 1848.

« Qui m'aime me suive ! »

Philippe VI de Valois (1293-1350), roi de France, s'adressant à ses barons avant de partir en expédition contre les Flamands opposés au comte des Flandres, en l'an 1328. Neveu de Philippe le Bel, Philippe VI succéda au roi Charles IV, dernier des Capétiens directs. Son règne vit les débuts, très malheureux pour la France, de la guerre de Cent Ans.

« Père, gardez-vous à droite ! Père, gardez-vous à gauche ! »

Le fils cadet de Jean le Bon, Philippe le Hardi, s'adresse ainsi à son père qui se bat farouchement contre les Anglais, lesquels l'ont encerclé à la bataille de Poitiers, en 1356.

« Il est encore plus grand mort que vivant. »

Mot attribué au roi de France Henri III (1551-1589) devant le cadavre de son ennemi le duc de Guise, qu'il venait de faire assassiner au château de Blois en 1588.

« Méchant moine, tu m'as tué ! »

Autre version :

« Oh ! Le méchant moine, il m'a tué ! »

Dernières paroles du roi Henri III, poignardé à Saint-Cloud par un moine dominicain fanatique et ligueur, Jacques Clément (août 1589).

« Ralliez-vous à mon panache blanc ! Vous le trouverez toujours sur le chemin de la victoire et de l'honneur. »

Intervention célèbre d'Henri de Navarre (Henri IV, 1553-1610) à la bataille d'Ivry (1590).

« Je veux qu'il n'y ait si pauvre paysan en mon royaume qu'il n'ait tous les dimanches sa poule au pot. »

Henri IV avait le souci du bien-être de ses sujets...

1. L'histoire

Henri IV (1553-1610)

Henri IV est né à Pau en 1553, et a été assassiné à Paris en 1610 par Ravaillac.

Selon la légende, il a été baptisé avec du bon vin de Jurançon, dans la carapace de tortue lui servant de berceau. Fils d'Antoine de Bourbon et de Jeanne d'Albret, reine de Navarre, il fut élevé par celle-ci dans la religion protestante. Il épousa Marguerite de Valois, sœur de Charles IX, et abjura au moment de la Saint-Barthélemy (1572). Devenu héritier de la couronne de France, il se convertit au catholicisme, et rétablit la paix religieuse par l'édit de Nantes en 1598.

Son premier mariage ayant été annulé, il épousa en 1600 Marie de Médicis. Ils eurent six enfants, dont Louis XIII et Gaston d'Orléans. Sa vie sentimentale fut toujours mouvementée et il fut surnommé « le Vert Galant ». Voltaire lui a consacré un grand poème épique, *La Henriade*.

La dynastie des Bourbons

Elle doit son nom à la seigneurie de Bourbon-l'Archambault et du Bourbonnais.

Après Henri IV vinrent Louis XIII, Louis XIV, Louis XV, et trois frères, Louis XVI, Louis XVIII et Charles X, enfin Louis-Philippe (ce dernier, « roi des Français », étant de la branche des Bourbon-Orléans).

Autres branches célèbres en France : les Bourbon-Condé, les Busset, les Conti, les Montpensier, les Vendôme.

La branche des Bourbon-Anjou s'est établie en Espagne en 1700. Philippe d'Anjou, petit-fils de Louis XIV, est devenu roi d'Espagne sous le nom de Philippe V. La monarchie fut abolie en 1931, et rétablie en 1975 au bénéfice de Juan Carlos Ier. D'autres branches ont régné à Naples, en Sicile et à Parme.

« L'État, c'est moi. »

Formule attribuée au jeune Louis XIV (1638-1715).

« J'ai failli attendre. »

Autre formule du monarque Louis XIV, qui est aussi souvent citée pour marquer l'impatience comme pour témoigner de sa volonté d'absolutisme.

Louis XIV (1638-1715)

Louis XIV le Grand, fils de Louis XIII et Anne d'Autriche, est né à Saint-Germain-en-Laye. Roi en 1643, il exerça le pouvoir personnel, à partir de 1661, après la mort de Mazarin.

Il épousa en 1659 l'infante Marie-Thérèse d'Autriche. Il eut de nombreux enfants, mais peu survécurent, et sa lignée fut souvent endeuillée. Louis XV, qui lui succéda en 1715, était son arrière-petit-fils.

La durée de son règne fut si grande (plus de soixante-dix ans), et si glorieuse (malgré une fin difficile), qu'elle fut assimilée au Grand Siècle, ou « siècle de Louis XIV », ou encore « siècle classique ».

C'est Versailles et la figure du Roi-Soleil qui restent l'incarnation de la grandeur de la France. Les héritiers directs de Louis XIV ainsi que son petit-fils, le Dauphin, étant morts, c'est son arrière-petit-fils, Louis XV, qui devint roi à l'âge de cinq ans. Il eut aussi un long règne de près de soixante ans.

« Messieurs les Anglais, tirez les premiers ! »

Phrase la plus célèbre du règne de Louis XV (1710-1774) prononcée à la bataille de Fontenoy (17 mai 1745) par un officier français s'adressant aux Anglais qui lui faisaient face.

« Travailler pour le roi de Prusse. »

Malgré les grandes victoires remportées par le maréchal de Saxe lors de la guerre de Succession d'Autriche, la France n'en tira aucun profit. Au traité d'Aix-la-Chapelle en 1748, Louis XV rendit toutes les conquêtes en proclamant qu'il agissait « en roi, et non en marchand », cependant que la Prusse tirait de grands avantages de cette guerre.

Louis XV (1710-1774)

Né et mort à Versailles, Louis XV épousa Marie Leszczyńska, dont il eut dix enfants. Trois de ses petits-fils régnèrent après lui, au début du XIXe siècle : Louis XVI (né en 1754, guillotiné en 1793), Louis XVIII (né à Versailles en 1755, exilé en 1791, et appelé au pouvoir en 1814-1815 après les défaites et l'abdication de l'empereur Napoléon Ier), enfin Charles X (qui régna six ans, et s'exila après la révolution de 1830).

Louis XV fut aimé au début de son règne, mais on lui reprocha sa légèreté, ses débauches, et des guerres ruineuses.

« Après nous, le déluge. »

Mot attribué à Jeanne-Antoinette Poisson (1721-1764), marquise de Pompadour, favorite de Louis XV, après la défaite de Rossbach (1757).

Jeanne-Antoinette Poisson

Jeanne-Antoinette Poisson, devenue marquise de Pompadour, est née à Paris en 1721 et morte à Versailles en 1764. Elle eut avec le roi Louis XV une longue liaison qui lui permit d'exercer une grande influence littéraire et politique. Elle eut le mérite de protéger la grande œuvre de *L'Encyclopédie*.

« Pourvu que cela dure. »

Phrase répétée à plusieurs reprises par Leatitia Ramolino, mère de l'empereur Napoléon Iᵉʳ, née à Ajaccio en 1750, morte à Rome en 1836.

Époque contemporaine

« Ce n'est pas une révolte, c'est une Révolution. »

Le soir du 14 juillet 1789, le duc de Liancourt vint rendre compte au roi Louis XVI de la prise de la Bastille et fit cette réponse au roi qui lui demandait : « *Mais c'est une révolte ?* »

« Je meurs innocent. Je pardonne à tous mes ennemis. »

Phrase attribuée à Louis XVI, sur l'échafaud, avant son exécution.

Louis XVI (1754-1793)

Né à Versailles et mort guillotiné à Paris le 21 janvier 1793, petit-fils de Louis XV, il a laissé le souvenir de ses passions pour les sciences, pour la serrurerie... et pour les plaisirs de la table ce qui lui fut fatal lors de sa fuite en juin 1791. En effet, s'étant attardé dans une auberge à Sainte-Ménehould, il fut reconnu par l'aubergiste Drouet, et arrêté à Varennes-en-Argonne.

Marié à Marie-Antoinette d'Autriche, il eut quatre enfants, dont le malheureux Louis XVII, mort en 1795 par suite de mauvais traitements imposés par ses geôliers.

« Monsieur, allez dire à votre maître que nous sommes ici
par la volonté du peuple, et que nous n'en sortirons
que par la force des baïonnettes. »

Honoré Gabriel Riqueti, comte de Mirabeau (1749-1791), s'adressant au représentant du roi, le marquis de Dreux-Brézé. Le roi avait voulu obliger les députés des trois ordres à se séparer dans trois salles différentes.

« Le meilleur moyen de faire avorter la Révolution,
c'est de trop demander. »

Mirabeau.

Mirabeau (1749-1791)

Mirabeau fait partie de ces personnages historiques qui auraient pu jouer un rôle immense dans l'histoire de France... si Dieu leur avait prêté vie plus longtemps. Auteur de nombreux pamphlets et libelles, il fut en 1789-1790 l'un des plus grands orateurs de la Révolution française. Rejeté par la noblesse, il s'était fait élire par le tiers état député d'Aix-en-Provence.

Défenseur talentueux des principes révolutionnaires, il fut l'un des rédacteurs de la *Déclaration des droits de l'homme et du citoyen*.

Il fut élu président de l'Assemblée nationale, mais décéda quelques jours plus tard en 1791.

« De l'audace, encore de l'audace, toujours de l'audace... »

C'est ce que réclamait Danton (1759-1794) à la tribune de l'Assemblée législative, le 2 septembre 1792, devant la menace de la coalition étrangère contre la France (avancée des troupes autrichiennes et prussiennes commandées par le duc de Brunswick). Trois semaines plus tard, le 20 septembre 1792, ce fut la victoire de Valmy.

« Tu montreras ma tête au peuple : elle en vaut la peine. »

Danton, s'adressant au bourreau Sanson devant la guillotine à laquelle Robespierre l'avait fait condamner, le 5 avril 1794.

Danton (1759-1794)

Georges-Jacques Danton est né en 1759 à Arcis-sur-Aube, et a été guillotiné à Paris en 1794.

Avocat, fondateur du club des Cordeliers, il fut l'un des grands orateurs de la Révolution. Il contribua à la création du tribunal révolutionnaire, et fut en 1793 le premier président du Comité de salut public.

Avec ses amis les « Indulgents », il réclama en vain la fin de la Terreur.

La Révolution française

À la suite de plusieurs années de graves crises économique, sociale et politique, le roi Louis XVI fut contraint de convoquer les États généraux, qui se transformèrent en Assemblée constituante.

La journée la plus marquante fut celle de la prise de la Bastille, le 14 juillet 1789. Une première Constitution fut adoptée en 1791, instituant une Assemblée législative. La monarchie constitutionnelle fut de courte durée, elle se termina par la journée révolutionnaire du 10 août 1792 : prise du palais des Tuileries et arrestation du roi Louis XVI (qui fut condamné et guillotiné le 21 janvier 1793).

La République fut proclamée le 22 septembre 1792 par la Convention nationale. Celle-ci se trouva en guerre avec l'Europe, et de graves difficultés intérieures acheminèrent le régime vers la Terreur, qui atteignit son point culminant avec la dictature de Robespierre et du Comité de salut public.

Un régime plus libéral, mais instable, s'installa avec le Directoire. Pour assurer le redressement du pays, le pouvoir fut confié au Premier consul, Napoléon Bonaparte.

Un texte fondamental fut adopté le 26 août 1789 : la *Déclaration des droits de l'homme et du citoyen*.

« Vive la République ! »

Mot attribué à Joseph Bara (1779-1793), jeune engagé volontaire dans les armées de la Révolution. Tambour dans l'armée républicaine en Vendée, il tomba dans une embuscade et mourut héroïquement. Marie-Joseph Chénier l'a évoqué dans *Le Chant du départ*.

« La République n'a pas besoin de savants. »

Ainsi s'exprimait le magistrat qui avait condamné à mort l'illustre savant Lavoisier (1743-1794), fondateur de la chimie moderne, aux heures les plus sombres de la Terreur.

« Pas de liberté pour les ennemis de la liberté. »

Formule en vigueur sous la Terreur (1793-1794).

« Ô liberté, que de crimes on commet en ton nom ! »

Madame Roland (1754-1793), conseillère et inspiratrice des Girondins, avant son exécution, place de la Révolution (actuelle place de la Concorde).

« Le monde appelle fous ceux qui ne sont pas fous
de la folie commune. »

Madame Roland.

Madame Roland (1754-1793)

Jeanne-Marie ou Manon Phlipon, devenue par mariage vicomtesse Roland de la Platière, et communément appelée Madame Roland, eut la chance de recevoir une éducation supérieure à celle des jeunes filles de son temps – elle étudia les mathématiques et les grandes œuvres littéraires et politiques.

Elle est l'une des premières femmes politiques françaises. Écrivain et journaliste, elle fut l'âme du mouvement girondin, dont les principaux élus se réunissaient dans son salon.

Son mari, Jean-Marie Roland de la Platière, se suicida après avoir appris son exécution.

« Soldats, du haut de ces pyramides, quarante siècles
vous contemplent ! »

Phrase la plus célèbre de la campagne d'Égypte, expédition militaire et scientifique conduite par Napoléon Bonaparte (1769-1821) en 1798. Ce dernier harangua ses troupes, et remporta la bataille des Pyramides contre les mamelouks (troupes turques), grâce à laquelle il put entrer au Caire en juillet 1798.

« C'est avec des hochets que l'on mène les hommes. »

Napoléon Bonaparte proclama cette sentence au moment de la création de la Légion d'honneur en 1802.

« Impossible n'est pas français. »

... Toujours du même Napoléon Bonaparte.

Napoléon Bonaparte (1769-1821)

Napoléon Bonaparte est né à Ajaccio le 15 août 1769, il est mort à Sainte-Hélène le 5 mai 1821.

Devenu général en chef de l'armée d'Italie en 1796, Premier consul en 1799, couronné empereur le 2 décembre 1804, il eut l'un des destins les plus illustres de l'histoire.

Les causes de la mort de Napoléon sont assez controversées. Certains soutiennent qu'il a été empoisonné à l'arsenic. Il est plus généralement admis qu'il est mort d'un cancer de l'estomac, à l'âge de 51 ans.

Dans son testament rédigé en exil à Sainte-Hélène, Napoléon écrivit : « Je désire que mes cendres reposent sur les bords de la Seine, au milieu de ce peuple français que j'ai tant aimé. »

Les cendres de l'empereur furent rapatriées en 1840, et son tombeau a été déposé dans la crypte des Invalides en 1861.

« J'y suis, j'y reste. »

Phrase héroïque prononcée par Mac-Mahon (1808-1893), après la prise du bastion de Malakoff (8 septembre 1855), pendant la guerre de Crimée. Ce fait d'armes fut déterminant pour la chute de Sébastopol et le sort de la guerre.

« Que d'eau ! Que d'eau ! »

Élu président de la République en 1873, le maréchal de Mac-Mahon prononça cette malheureuse phrase à l'occasion d'une visite officielle dans le sud-ouest de la France, alors inondé.

Mac Mahon (1808-1893)

Edme Patrice, Maurice, comte de Mac-Mahon, après s'être distingué en Crimée, s'illustra pendant la campagne d'Italie en 1859, et y gagna son bâton de maréchal et le titre de duc de Magenta. Il connut un destin moins heureux pendant la guerre franco-allemande de 1870, avec les défaites de Wissembourg, Froeschwiller et Sedan.

Commandant l'armée des Versaillais, il dirigea de mars à mai 1871 la répression contre la Commune de Paris.

Il fut porté en 1873 à la présidence de la République, élu pour sept ans. Toutefois, il fut contraint à la démission en 1879.

« La Révolution française est un bloc. »

Formule employée par Georges Clemenceau (1841-1929) à la tribune de la Chambre des députés.

« On ne ment jamais tant qu'avant les élections, pendant la guerre, et après la chasse. »

Georges Clemenceau.

Georges Clemenceau (1841-1929)

Georges Clemenceau est né à Mouilleron-en-Pareds (petit village de Vendée) en 1841, et il est mort à Paris en 1929. Il est le plus grand homme d'État de la IIIe République.

Redouté pour son éloquence, ses bons mots (souvent féroces !), sa plume acérée, ou encore ses pistolets (il se battit en duel à de multiples reprises), Clemenceau avait été surnommé « le Tigre » ou encore « le tombeur de ministères ».

Il fut élu député radical en 1871. Il dirigea un grand ministère de 1906 à 1909. Il fut rappelé au pouvoir par Poincaré en 1917, au moment des pires difficultés de la Grande Guerre. Par son action énergique, il mérita les titres de « Sauveur de la Patrie » et de « Père la Victoire ».

« Montrer sa force pour ne pas avoir à s'en servir. »

Le maréchal Lyautey (1854-1934), résident général de la République française au Maroc de 1912 à 1925, énonça cette maxime à propos de la présence française en Afrique. Il en a laissé beaucoup d'autres, notamment sur l'autorité et la conduite des hommes :

« Rien de durable ne se fonde sur la force. Rien de vraiment grand
ne se fait sans une parcelle d'amour. »

« Il faut savoir terminer une grève ! »

Cette phrase fut prononcée par Maurice Thorez (1900-1964), secrétaire général du parti communiste français, au temps du Front populaire en 1936. Il fut ministre après la Libération, et élabora le premier statut général des fonctionnaires.

« La France a perdu une bataille, mais la France
n'a pas perdu la guerre ! »

Texte d'une affiche À *tous les Français*, réalisée à Londres en juillet 1940 à la demande du général de Gaulle. Cette phrase n'a pas été prononcée lors de *l'Appel du 18 juin*, contrairement à ce qu'il est souvent dit.

« Les exigences d'un grand peuple sont à l'échelle de ses malheurs. »

Charles de Gaulle (1890-1970), *Mémoires de guerre* (volume I. *L'Appel*).

« La réforme, oui. La chienlit, non. »

Réflexion de Charles de Gaulle, face aux agitations de mai 1968.

Charles de Gaulle (1890-1970)

Charles de Gaulle est né à Lille et mort à Colombey-les-Deux-Églises. Après avoir combattu héroïquement pendant la Première Guerre mondiale, il écrivit de remarquables ouvrages d'histoire et de stratégie militaire.

En juin 1940, il refuse l'armistice et part pour Londres d'où il lance l'Appel du 18 juin 1940, invitant les Français à continuer le combat. Il fonde le Comité de libération nationale qui devient en 1944 le Gouvernement provisoire de la République française. Il amorce la reconstruction et commence d'importantes réformes.

Devant l'hostilité des partis politiques, il démissionne en janvier 1946. Il revient au pouvoir à la faveur de la crise algérienne ; il est investi comme président du Conseil en juin 1958. Après avoir fait adopter une nouvelle Constitution par référendum le 28 septembre 1958, il est élu

président de la Vᵉ République en décembre 1958, et réélu en décembre 1965.
Après de graves difficultés en 1968, il voulut engager une réforme des régions et du Sénat. Mais il fut désavoué par le référendum du 27 avril 1969, il démissionna aussitôt, et quitta la vie politique pour se consacrer à la rédaction de ses mémoires.

« Oui, mais... »

Formule de Valéry Giscard d'Estaing (né en 1926) avant les élections législatives de mars 1967, après avoir été évincé du gouvernement où il était ministre des Finances.

« Vous n'avez pas le monopole du cœur. »

Le 10 mai 1974, Valéry Giscard d'Estaing, s'adressant à Mitterrand, présenté comme le seul défenseur des classes modestes, lors d'un face-à-face télévisé décisif avant les élections présidentielles.

Valéry Giscard d'Estaing (né en 1926)

Né à Coblence en 1926, il entre à l'Inspection générale des finances après avoir été élève à l'École polytechnique et à l'École nationale d'administration (ENA). Très jeune député, puis secrétaire d'État, plusieurs fois ministre des Finances, il est élu président de la République en 1974. Il encourage le changement et la modernisation, axe sa politique étrangère sur la construction de l'Europe et l'entente avec le tiers-monde.

Il est battu par François Mitterrand à l'élection présidentielle de mai 1981. Il poursuit sa carrière politique comme député du Puy-de-Dôme et président du conseil régional d'Auvergne. Il est ensuite élu député au Parlement européen. C'est en tant que président de la Convention qu'il a été chargé de préparer une constitution pour l'Europe. Membre du Conseil constitutionnel il prend des positions remarquées sur les débats politiques qui lui tiennent à cœur.

« Il faut laisser du temps au temps. »

Formule souvent employée par François Mitterrand (1916-1996) et par ses proches. Miguel de Cervantès, auteur de Don Quichotte écrivait : « Il faut donner du temps au temps. »

« On n'apprend rien par la parole, mais tout par l'exemple. »

« Dans les épreuves décisives,
on ne franchit correctement l'obstacle que de face. »

François Mitterrand, *L'Abeille et l'Architecte*.

François Mitterrand (1916-1996)

Né en 1916 à Jarnac (Charente), où il est enterré, et mort à Paris en 1996, il a été l'un des principaux hommes politiques de la seconde moitié du XXe siècle. Il fut onze fois ministre sous la IVe République. Sa carrière se poursuivit sous la Ve, dans l'opposition de 1958 à 1981, puis à la tête de l'État. Après deux échecs aux élections présidentielles (1965 et 1974), il fut élu à la présidence de la République en 1981, et réélu en 1988. Il restera dans l'Histoire comme ayant été le seul président de la République ayant réussi à terminer deux septennats.

© Eyrolles Pratique

Les religions

Nous avons sélectionné pour ce deuxième chapitre des citations des cinq religions – judaïsme, christianisme, islam, hindouisme, bouddhisme – les plus pratiquées aujourd'hui dans le monde, extraites des textes fondateurs.

Mais avant cela, en contrepoint, nous présentons des citations de philosophes, écrivains et personnages illustres, qui ont pour la plupart un point de vue critique sur le phénomène religieux.

Réflexions sur la religion

« Douter de Dieu, c'est y croire. »

« Pesons le gain et la perte, en prenant choix que Dieu est. Estimons ces deux cas : si vous gagnez, vous gagnez tout ; si vous perdez, vous ne perdez rien. Gagez donc qu'il est, sans hésiter. »

Blaise Pascal (1623-1662), *Pensées*. Cette dernière phrase est restée célèbre sous le nom de « pari de Pascal ». Elle fonde la croyance sur une sorte de théorie des jeux.

« C'est le cœur qui sent Dieu, et non la raison. »

« Le silence éternel de ces espaces infinis m'effraye. »

Blaise Pascal, *Pensées*. Cette citation, comme beaucoup d'autres, est empreinte d'une grande force poétique.

« Si Dieu n'existait pas, il faudrait l'inventer. »

« L'Univers m'embarrasse, et je ne puis songer
Que cette horloge existe et n'ait pas d'horloger. »

Voltaire (1694-1778), qui au nom de la Raison avait beaucoup combattu la religion de son temps, croyait cependant en Dieu.

« La religion est l'intuition de l'Univers. »

Friedrich Schleiermacher (1768-1834), théologien allemand, *Discours sur la religion*.

« Cette sphère intellectuelle dont le centre est partout et dont
la circonférence est nulle part, que nous appelons Dieu. »

François Rabelais (v. 1494-1553), *Pantagruel*.

« La religion est la poésie du cœur ; elle a des enchantements utiles
à nos mœurs ; elle nous donne et le bonheur et la vertu. »

Joseph Joubert (1754-1824), moraliste et essayiste, a été le secrétaire de Diderot et l'ami de Chateaubriand qu'il a influencé, *Pensées*.

« Ce n'est pas la religion qui découle de la morale, c'est la morale
qui naît de la religion. »

« Il n'y a point de religion sans mystères. »

François René de Chateaubriand (1768-1848), *Génie du christianisme*.

« Dieu n'est qu'un mot rêvé pour expliquer le monde. »

Alphonse de Lamartine (1790-1869), *Harmonies poétiques et religieuses*.

« La religion n'est autre chose que l'ombre portée de l'Univers
sur l'intelligence humaine. »

« Une religion, c'est une lunette pour voir l'étoile. »

Victor Hugo (1802-1885), *Préface philosophique*.

« La religion serait la névrose obsessionnelle universelle de l'humanité ; comme celle de l'enfant, elle dérive du complexe d'Œdipe, des rapports de l'enfant au père. »

Sigmund Freud (1856-1839), *L'Avenir d'une illusion*.

« Le fanatisme est un monstre qui ose se dire le fils de la religion [...] Il n'y a qu'un pas du fanatisme à la barbarie. »

Denis Diderot (1713-1784) qui a mené au Siècle des lumières, et notamment avec *L'Encyclopédie*, un combat courageux pour la raison et contre l'obscurantisme.

« N'ayez d'intolérance que vis-à-vis de l'intolérance. »

Hippolyte Taine (1828-1893), l'un des grands penseurs et historiens des débuts de la IIIe République.

« Quand Dieu se tait, on peut lui faire dire ce que l'on veut. »

Jean-Paul Sartre (1905-1980), *Le Diable et le Bon Dieu*

« La religion est une épidémie mentale qui conduit les gens à développer des concepts religieux assez semblables. »

Pascal Boyer, anthropologue contemporain, *Et l'homme créa les dieux*.

« La religion est le soupir de la créature accablée, le cœur d'un monde sans cœur, comme elle est l'esprit d'une époque sans esprit. Elle est l'opium du peuple. »

Karl Marx (1818-1883), *Contribution à la critique de la philosophie du droit de Hegel*.

« Religion : fille de l'Espérance et de la Peur, elle explique à l'Ignorance la nature de l'Inconnaissable. »

Ambrose Bierce (1842-1914), journaliste et nouvelliste américain à la plume acerbe, *Dictionnaire du diable*.

« La seule excuse de Dieu, c'est qu'il n'existe pas. »
Stendhal (1783-1842), cité par Nietzsche dans *Ecce homo*.

« Dieu est le seul être qui, pour régner, n'ait pas besoin d'exister. »
Charles Baudelaire (1821-1867), *Journaux intimes*.

« La science sans religion est boiteuse, la religion sans science
est aveugle. »
Albert Einstein, (1879-1955).

« Les hommes ont fabriqué Dieu, sans se rendre compte que la
religion n'était qu'une pièce de leur propre invention
propre à lier leur société. »
Michel de Montaigne (1533-1592), *Essais, Apologie de Raymond Sebond*.

« On trouve des sociétés qui n'ont ni science, ni art, ni philosophie.
Mais il n'y a jamais eu de société sans religion. »
Henri Bergson (1859-1941), *Les Deux Sources de la morale de la religion*.
Philosophe et diplomate, prix Nobel de littérature en 1927, Henri Bergson
a été connu principalement pour son livre *L'Évolution créatrice* ; ses
thèmes de réflexion sont la durée, l'intuition, l'élan vital et les rapports
entre l'âme et le corps.

« Dieu (historiquement et pratiquement) se présente d'abord
comme un ensemble d'idées engendrées par l'abrutissement de
l'homme, par l'environnement extérieur, par l'oppression des
classes – ensemble d'idées qui tendent à renforcer cet
abrutissement, à endormir la lutte des classes. »
Vladimir Ilitch Oulianov, dit Lénine (1870-1924).

« Une société areligieuse n'existe pas encore. Je crois, quant à moi, qu'elle ne peut pas exister et que, si elle se réalisait, elle périrait au bout de quelques générations, d'ennui, de neurasthénie ou par un suicide collectif. »
Mircea Eliade (1907-1986), *Fragments d'un journal*.

« Chacun interprète à sa façon la musique des cieux. »
Voici une pensée de la sagesse chinoise, pleine de poésie.

« Toute bonne philosophie morale n'est rien d'autre qu'une servante de la religion. »
Francis Bacon (1561-1626), *Le Progrès de la connaissance*.

« Un peuple sans religion est un vaisseau sans boussole. »
Napoléon 1er (1769-1821).

« La vie sans religion est une vie sans principe, et une vie sans principe est comme un bateau sans gouvernail. »
Mahatma Gandhi (1869-1948), *Lettres à l'Ashram*.

« Les religions sont comme des routes différentes convergeant vers un même toit. Qu'importe que nous empruntions des itinéraires différents, pourvu que nous arrivions au même but. »
Mahatma Gandhi.

« Si les triangles faisaient un Dieu, ils lui donneraient trois côtés. »
Montesquieu (1689-1755), *Lettres persanes*.

« Une religion est aussi vraie qu'une autre. »
Robert Burton (1576-1640), écrivain anglais, *Anatomie de la mélancolie*.

« Nous avons tout juste assez de religion pour nous haïr,
mais pas assez pour nous aimer. »

Jonathan Swift (1667-1745), satiriste et pamphlétaire irlandais d'origine anglaise, *Pensées sur divers objets*.

« La vraie religion, c'est, concordant avec la raison et le savoir de l'homme, le rapport établi par lui envers la vie infinie qui l'entoure, qui lie sa vie avec cet infini et le guide dans ses actes. »

Léon Tolstoï (1828-1910), *Qu'est-ce que la religion ?*

« L'homme ne croit pas ce qui est, il croit ce qu'il désire qui soit. »

Anatole France (1844-1924), *Dernières Pages inédites*.

« La violence n'est le credo d'aucune religion. »

Romain Rolland (1866-1944), *mahatma Gandhi*.

« Tout pouvoir vient de Dieu. »

Adage latin.

« Le tsar ne doit pas seulement gouverner, il doit aussi sauver les âmes. »

Ivan le Terrible (1530-1584), l'un des tsars les plus célèbres de l'histoire de la Russie.

« La religion n'est ni une théologie ni une philosophie ; elle est plus que tout cela : c'est une discipline, une loi, un joug, un indissoluble engagement. »

Joseph Joubert (1754-1824), *Pensées, essais et maximes*.

© Eyrolles Pratique

> « Un peu de philosophie éloigne de la religion,
> et beaucoup y ramène. »

Rivarol (1753-1801), essayiste plein d'humour, défenseur de la monarchie qui dut émigrer en 1792, est notamment connu pour son *Discours sur l'universalité de la langue française.* Cette citation est extraite de *Maximes, pensées et paradoxes.*

Nous allons maintenant aborder les cinq grandes religions du monde en commençant par une présentation synthétique et comparative de leurs différents préceptes, que vous trouverez page suivante.

Les préceptes des différentes religions

Judaïsme	Christianisme	Islam		Hindouisme	Bouddhisme	
Les 13 articles de la foi juive, Maimonide (1135-1204)	Le Décalogue, Nouveau Testament	Le Dodécalogue	Les 5 piliers de l'islam	Le cycle cosmique de l'hindouisme	Les interdits des laïcs et des moines	L'Occulte sentier : pensées, paroles, actions justes
1. Dieu est le créateur et la providence du monde.	1. Un seul Dieu tu adoreras, Et aimeras parfaitement.	1. Adorer Dieu seul.	1. La *chahada* ou profession de foi : il n'y a de divinité que Dieu et Mahommet est son Prophète.	*Samsâra* (réincarnations).	1. Ne pas détruire la vie.	1. Comprendre les Quatre Nobles Vérités.
2. Il est unique.	2. Dieu en vain tu ne jureras, Ni autre chose pareillement.	2. Avoir de la bonté envers ses parents.		*Karma* (déroulement de la vie).	2. Ne pas voler.	2. S'abstenir de toute pensée égoïste, malveillante, haineuse.
3. Il est esprit et ne peut être représenté sous aucune forme.	3. Le dimanche tu garderas, en servant Dieu dévotement.	3. Donner ce qui leur est dû, à ses proches, aux pauvres, aux voyageurs.	2 Le Ramadam ou jeûne. du lever au coucher du soleil. Les dates du Ramadan varient chaque année.	*Moksha* (délivrance).	3. Ne pas avoir de relations sexuelles illégitimes.	3. S'abstenir de mentir, médire, injurier, bavarder inutilement.
4. Il est éternel.	4. Tes pères et mères honoreras, afin de vivre longuement.	4. N'être ni avaricieux, ni prodigue.		*Margas* (moyens de la délivrance).	4. Ne pas mentir.	4. S'abstenir de tuer, voler, forniquer.
5. À lui seul nous devons adresser nos prières.	5. Homicide point ne feras. De fait ni volontairement.	5. Ne pas commettre d'infanticide pour cause de disette.	3. À la fin du ramadan a lieu la fête de la rupture (Id al Fitr).	*Dharma* (code de conduite).	5. Ne pas boire d'alcool.	5. S'abstenir de tout métier nuisible.
6. Toutes les paroles des prophètes d'Israël sont vérité.		6. Ne pas forniquer.			À cela s'ajoute pour les moines :	
7. Moïse est le plus grand de tous les prophètes.					6. Ne pas manger après midi. 7. Ne pas faire usage de sièges ou de lits confortables. 8. Ne pas s'orner de fleurs ou se parfumer.	

8. La Loi, telle que les juifs la possèdent a été donnée par Dieu à Moïse. 9. Nul homme n'a le droit de la remplacer ni de la modifier. 10. Dieu connaît toutes les actions et toutes les pensées des hommes. 11. Il récompense ceux qui accomplissent ses commandements et punit ceux qui les transgressent. 12. Il enverra le Messie, annoncé par les prophètes. 13. Il rappellera les morts à la vie.	6. Luxurieux point ne seras. De corps ni de consentement. 7. Le bien d'autrui tu ne prendras, ni retiendras injustement. 8. Faux témoignage ne diras, ni mentiras aucunement. 9. L'œuvre de chair ne désireras qu'en mariage seulement. 10. Bien d'autrui ne convoiteras pour les avoir injustement.	7. Ne pas commettre d'homicide, sauf pour raison de vengeance (loi du talion) ou de guerre juste. 8. Ne pas voler l'orphelin. 9. Tenir ses engagements. 10. Ne pas tricher. 11. Ne pas frauder 12. N'être ni présomptueux, ni orgueilleux.	4. La *Zakat* ou purification, aumône légale. À cette aumône légale, devenue une sorte d'impôt, s'ajoute, l'aumône volontaire (*sadaqa*). 5. *Hajj*, le pèlerinage à la Mecque. À faire au moins une fois dans sa vie.	Les 4 âges de la vie dans un effort orienté : étudiant ; chef de famille ; retraité ; renonçant. Les 4 rangs : *brahmane* ; *kshatrya* ; *vaishya* ; *shûdra*.	9. Ne pas s'amuser (chant, danses, spectacles). 10. Ne pas recevoir d'argent.	6. Faire obstacle aux volitions (désirs, actes de volonté) mauvaises. 7. Être vigilant aux 5 agrégats d'attachement. Aboutir à un état de détachement suprême. Les agrégats d'attachement : - la matière ; - les sensations ; - les perceptions ; - les formations mentales ; - la conscience.

Le judaïsme

Le fondateur de la religion juive est Abraham, suivi d'Isaac et de Jacob, puis, plus tard de Moïse qui reçoit de Dieu les Tables de la Loi.

La religion juive se présente comme une alliance de Dieu avec un peuple pour répandre son culte parmi les hommes. Cette alliance comporte l'engagement de la part des enfants d'Israël d'être fidèles à Dieu et à sa Loi, la Torah, qui n'est pas seulement un recueil de préceptes religieux et moraux, mais aussi une législation qui contient des lois relatives à la vie des hommes dans une société.

On estime que le nombre des fidèles de la religion hébraïque se situe actuellement entre 14 et 15 millions.

Les textes fondateurs du judaïsme

La **Loi écrite** ou Bible (Tanakh) se compose de :
- la Torah (ou Pentateuque) : Genèse, Exode, Lévitique, Nombres, Deutéronome ;
- les Prophètes : premiers prophètes (Josué, Juges, I et II Samuel, I et II Rois), derniers prophètes (Isaïe, Jérémie, Ezéchiel, Les 12 petits prophètes) ;
- les Écrits (ou Hagiographes) : Psaumes, Proverbes, Job, Les cinq rouleaux, Daniel, Ezra, Néhémie, I et II Chroniques.

La **Loi orale** se compose du :
- Midrash, recueils de textes d'exégèse sur le Tanakh ;
- Talmud : Mishnah qui contient 63 traités et Guémara qui contient 36 traités ;
- Zohar, commentaire ésotérique et mystique.

« Écoute Israël, L'Éternel est notre Dieu, l'Éternel est un. »

Cette parole de Moïse, profession de foi juive, constitue l'affirmation fondamentale du monothéisme. C'est aussi la première phrase de la prière la plus fréquente, reproduite ci-après.

Citations de culture générale expliquées

« Écoute Israël, L'Éternel est notre Dieu, l'Éternel est un.

Béni soit à jamais le nom de Son règne glorieux.

Tu aimeras l'Éternel ton Dieu, de tout ton cœur, de toute ton âme et de tous tes moyens.

Que les commandements que je te prescris aujourd'hui soient gravés dans ton cœur.

Tu les inculqueras à tes enfants, tu en parleras (constamment) dans ta maison ou en voyage, en te couchant et en te levant.

Attache-les en signe sur ta main, et porte-les comme un fronteau entre tes yeux.

Écris-les sur les poteaux de ta maison et sur tes portes. »

Quelques-uns des noms donnés à Dieu apparaissent dans cette prière, mais il y en a bien d'autres comme : Yahweh, Adonaï, Abba, Elohim.

« Dieu créa l'homme à son image. »

Genèse 1.27.

« Tu es poussière et tu retourneras en poussière. »

Genèse 3.11.

« Il y a un temps pour tout, un temps de pleurer, un temps de rire, un temps de se lamenter et un temps de danser. »

L'Ecclésiaste 3. L'origine du mot « Ecclésiaste » est : « celui qui prend la parole devant une assemblée du peuple ». La tradition identifie l'Ecclésiaste avec le roi Salomon.

« Le commencement de la sagesse, c'est la crainte de l'Éternel. »

Psaumes 111.10.

« C'est moi le Seigneur, ton Dieu, qui t'ai fait sortir du pays d'Égypte, de la maison de servitude : tu n'auras pas d'autre Dieu face à moi. »

Décalogue 7.

« Tu ne te feras pas d'idole ni rien qui ait la forme de ce qui se trouve au ciel là-haut, sur terre ici-bas ou dans les eaux sous la terre. »
Décalogue 8.

Les Hébreux

Les Hébreux sont un peuple sémitique de l'ancien Proche-Orient. À l'origine, le nom *Ibrim* désigne « ceux de l'au-delà » (au-delà de l'Euphrate, fleuve de l'ouest de la Mésopotamie, le fleuve de l'est étant le Tigre, qui arrose Bagdad).

La tradition biblique a fait des Hébreux « le peuple de Dieu ». Du XVIIIe au XVIe siècle avant notre ère, des tribus sémitiques émigrèrent de Mésopotamie vers le pays araméen, puis plus à l'ouest vers Canaan. Au XVe siècle, l'une des tribus alla jusqu'en Égypte, où elle fut d'abord bien accueillie, puis opprimée. Les « fils d'Israël » quittèrent l'Égypte au XIIIe siècle sous la conduite de Moïse. Après avoir nomadisé dans le désert, ses descendants conquirent le pays de Canaan, et y furent sédentarisés.

Abraham apparaît traditionnellement comme l'ancêtre commun des Arabes et des Juifs (dans la tradition musulmane, Abraham est Ibrahim). Il est le père d'Ismaël, son fils aîné qu'il a eu d'Agar. Sa seconde épouse est Sarah, qui lui donne un autre fils, Isaac. Les dialogues entre Abraham et Dieu (Yahweh pour les juifs et Allah pour les musulmans) ont pour les juifs, les chrétiens et les musulmans une très haute signification religieuse.

Isaac est, selon la Genèse, le fils miraculeux qu'Abraham et Sarah eurent à un âge très avancé. L'épisode le plus célèbre est celui de la mise à l'épreuve d'Abraham : Dieu lui demande de sacrifier Isaac, mais au dernier moment lui substitue un bélier. Isaac épouse Rébecca, et ils ont deux enfants, Ésaü et Jacob.

Jacob achète à Ésaü son droit d'aînesse (... pour un plat de lentilles). Après l'épisode de son combat avec l'ange, il est appelé Israël. Il est le père de douze fils, souches des douze tribus d'Israël. Il conduit son peuple en Égypte, et y achève sa vie.

Moïse est le prophète fondateur de la religion et de la nation d'Israël (au XIIIe siècle avant notre ère). Avec la Genèse, la légende et les Lois qui lui sont attribuées constituent le Pentateuque. Né dans la tribu de Lévi, le petit Moïse est abandonné aux eaux du Nil, et recueilli par une fille du Pharaon. La vision du buisson ardent lui révèle sa mission : faire sortir les israélites d'Égypte (épisode de l'Exode). Ils errent pendant quarante ans dans le désert, où Yahweh dicte à Moïse le Décalogue (les Tables de la Loi). Il conduit les Hébreux en vue de la Terre promise, mais il meurt avant de l'atteindre. C'est Josué qui lui succède.

Citations de culture générale expliquées

Le christianisme

Le christianisme est la religion qui découle de l'enseignement de Jésus-Christ, à la fois Fils de Dieu et Dieu fait homme. La vie éternelle débouche sur la Résurrection des morts.

L'ensemble de l'enseignement du Christ tourne autour de la notion d'amour.

À la suite de divers schismes, le christianisme est aujourd'hui divisé en trois Églises principales : catholique, orthodoxe, protestante (cette classification correspond à l'ordre chronologique).

Les statistiques sur les religions sont fort délicates à établir. Les catholiques seraient plus d'un milliard, les protestants plus de 400 millions, les orthodoxes plus de 100 millions (voire près de 200, mais ce chiffre est difficile à évaluer après la politique de répression pratiquée durant l'ère soviétique). Ainsi, le christianisme représente-t-il au total près du quart de l'humanité.

La foi catholique repose sur un triple fondement :

▶ l'**Écriture** qui est la parole de Dieu ;

▶ la **Tradition** qui est la continuité de l'action divine ;

▶ l'**Église,** dépositaire et seule interprète autorisée de la vérité. Les dogmes sont donc des vérités vivantes qui peuvent évoluer.

Dans la foi catholique, on croit à des vérités que Dieu a révélées par Son Fils et par Son Église : Dieu en trois personnes, mystère de l'Incarnation, de la Rédemption et de la Résurrection.

Le pape, successeur de saint Pierre, est infaillible ; les prêtres demeurent célibataires et font vœu de chasteté ; Marie, mère de Dieu, est vénérée.

À la suite de l'excommunication du patriarche de Constantinople en 1054, l'Église s'est divisée en Église d'Occident (sainte, catholique et apostolique) et Église d'Orient (orthodoxe) qui ne reconnaît pas l'infaillibilité pontificale. L'Église orthodoxe garde une continuité profonde avec le christianisme originel.

Sa règle de foi est celle des sept conciles œcuméniques réunis en Orient pendant le premier millénaire pour préciser et préserver le mystère du Christ. L'orthodoxie associe l'incarnation du Christ et la déification de l'homme.

C'est à partir de la critique du catholicisme que Luther, puis Calvin ont forgé le protestantisme.

Nul ne s'interpose entre le Christ, unique Seigneur et Sauveur et le croyant, nulle intercession de Marie ou des saints, nul besoin de magistère ou de tradition. Car tout est justifié par la seule foi, qui sauve. Le salut vient de la grâce seule, qui est prédestinée, car l'homme n'étant pas libre ne peut se libérer.

La communauté des croyants est une communauté de laïcs, tous égaux et tous prêtres. Le pasteur (homme ou femme) est donc un(e) laïc(laïque) parmi les laïcs, presque toujours marié(e).

Les textes fondateurs du christianisme

La Bible, appelée Ancien Testament.
Les livres du Nouveau Testament :
- les quatre Évangiles : selon saint Matthieu, saint Marc, saint Luc et saint Jean ;
- les Actes des Apôtres selon saint Luc ;
- les Épîtres de saint Paul ;
- l'Apocalypse de saint Jean.

« Au commencement était le Verbe, et le Verbe était tourné vers Dieu, et le Verbe était Dieu. »

« Si la foi fut donnée par Moïse, la grâce et la vérité sont venues par Jésus-Christ. »

« Et le Verbe s'est fait chair et il a habité parmi nous. »

« Personne n'a jamais vu Dieu, Dieu Fils unique, qui est dans le sein du Père, nous l'a dévoilé. »

Évangile selon saint Jean 1.1 ; 1.17 ; 1.14 ; 1.18.

« Tu aimeras le Seigneur ton Dieu de tout ton cœur, de toute ton âme
et de toute ta pensée. »

« Tu aimeras ton prochain comme toi-même. »

Premier des Dix Commandements, tel qu'il est relaté dans l'Évangile selon
saint Matthieu (22,37.40) ; et deuxième Commandement.

« Je vous donne un Commandement nouveau : c'est de vous aimer
les uns les autres. Comme je vous ai aimés, vous aussi aimez-vous les
uns les autres. Ce qui montrera à tous les hommes que vous êtes mes
disciples, c'est l'amour que vous aurez les uns pour les autres. »

Évangile selon saint Jean (13, 34.35).

« Ne jugez pas, et vous ne serez pas jugés ; ne condamnez pas, et
vous ne serez pas condamnés. Pardonnez,
et vous serez pardonnés. »

Évangile selon saint Luc.

« Lui-même, le Seigneur, au signal donné par la voix de l'archange
et la trompette de Dieu, descendra du ciel, et les morts qui sont dans
le Christ ressusciteront en premier lieu ; après quoi nous, les vivants,
nous qui serons encore là, nous serons réunis à eux et emportés
sur des nuées pour rencontrer le Seigneur dans les airs.
Ainsi nous serons avec le Seigneur toujours. »

Épître de saint Paul aux Thessaloniciens (4, 13.18).

« Le juste vivra par la foi. »

Martin Luther (1483-1546), le créateur du protestantisme. Après s'être fait
connaître en dénonçant le trafic des indulgences, il afficha en 1517 ses
« 95 thèses » qui sont considérées comme le point de départ de la réforme
protestante. Ses volumineux écrits ultérieurs ont fait de lui non seulement un grand personnage historique, mais encore l'un des premiers
grands prosateurs de la langue allemande moderne.

« Notre Père qui es aux cieux,
Que Ton nom soit sanctifié,
Que Ton règne vienne,
Que ta volonté soit faite sur la terre comme au ciel,
Donne-nous aujourd'hui notre pain de ce jour,
Pardonne-nous nos offenses
Comme nous pardonnons aussi à ceux qui nous ont offensés,
Et ne nous soumets pas à la tentation,
Mais délivre-nous du mal,
Amen. »

Le « *Notre-Père* », la plus grande prière des catholiques.

Les sacrements dans les religions chrétiennes

Les 7 sacrements catholiques	Les 7 sacrements orthodoxes, appelés aussi mystères	Les 2 sacrements protestants
Le baptême par ablution	Le baptême par immersion	Le baptême par immersion ou ablution
La confirmation	La chrismation	
La communion sous la forme de l'hostie	La communion sous les deux espèces, pain et vin L'épiclèse associe prêtre et assemblée dans leur demande commune à Dieu	L'eucharistie ou cène Sous les deux espèces du pain et du vin
La confession	La confession, sans confessionnal et sans prières, pour faire « pénitence »	
Le mariage	Le mariage, qui peut être dissous	
L'ordination	L'ordination, par l'évêque	
L'extrême onction	L'extrême-onction	

© Eyrolles Pratique

L'islam

L'islam est la religion fondée par Mahomet en Arabie au VIIe siècle, et dont la substance lui fut révélée par l'ange Gabriel, lui transmettant les paroles d'Allah en fragments successifs. Repris ensuite par des fidèles du Prophète, l'ensemble de ces propos forme le Coran, parole de Dieu.

L'islam est tout à la fois un code moral et un ensemble d'obligations rituelles spécifiques. Et comme il n'y a pas de séparation nette entre le temporel et le spirituel, c'est aussi un ensemble juridique qui détaille les devoirs de chacun selon son statut social et religieux. Il règle le comportement des musulmans dans toutes les circonstances de la vie politique sociale et culturelle.

L'islam compte aujourd'hui plus d'un milliard de fidèles, et certaines estimations vont jusqu'à 1,2 ou 1,3 milliard. La communauté musulmane la plus importante est composée de sunnites, lesquels mettent l'accent sur la fidélité à la tradition (*sunna*). Ils se considèrent comme les vrais défenseurs de la foi. On estime qu'ils constituent entre 80 % et 90 % des musulmans.

Les chiites, quant à eux, considèrent Ali et ses descendants comme les successeurs légitimes de Mahomet. Ils sont plus de 150 millions, principalement en Iran (plus de 60 millions), au Pakistan (près de 40 millions), en Irak (14 à 15 millions), ainsi qu'en Afghanistan, Azerbaïdjan, Turquie, et au Yémen où ils font figure de minorité très active.

Les ismaéliens, issus de la communauté chiite, reconnaissent une descendance légitime à partir d'Ismaël (milieu du VIIe siècle). Parmi eux, les ismaéliens nazérites (près de 15 millions au total) ont un chef religieux dénommé Aga Khan.

Parmi les tendances fondamentalistes, il faut citer notamment les salafistes et les wahhabites.

> **Les textes fondateurs de l'islam**
>
> Le Coran, livre canonique unique.
>
> Son auteur est Dieu « parlant » par la bouche de son prophète, entre 612, date des premières révélations, et 632, date de la mort de Mahomet. En 656, le calife Othman promulgue une vulgate appelée à devenir le Coran qui a pris sa forme définitive au Xe siècle.
>
> Le Coran se compose de 114 sourates (ou chapitres), portant chacune un titre, totalisant 6 200 versets (3 à 286 versets par sourate).
>
> La Sunna (la tradition) rapporte les enseignements du Prophète et permet d'interpréter le Coran (terme dérivé : sunnite).

> « Dis : Dieu est Un
> Dieu ! L'Impénétrable
> Il n'engendre pas ; Il n'est pas engendré ;
> Nul n'est égal à Lui. »

Sourate CXII (112), Le Culte pur, l'une des plus anciennes et, avec ces quatre versets, l'une des plus courtes.

> « Ô gens du Livre !
> Notre Prophète est venu à vous.
> Il vous explique une grande partie du Livre
> Que vous cachiez.
> Il en abroge une grande partie. »

Sourate V (5), La Table servie, verset 15. Les gens du Livre, ce sont les fidèles de l'Ancien Testament, qu'ils soient juifs ou chrétiens. Le Prophète, c'est-à-dire Mahomet, est le réinterprète de la pensée de Dieu. Rappelons que le patriarche Abraham est l'ancêtre commun pour les fidèles des trois « religions du Livre » (son nom arabe est Ibrahim).

> « C'est Lui [Dieu] qui a envoyé son Prophète avec la Direction et la Religion vraie pour la faire prévaloir sur toute autre religion. »

Sourate XLVIII (48), La Victoire, verset 28. Le prophète Mahomet (en arabe *Muhammad*) est né à La Mecque vers 570, et mort à Médine vers 632. En 622, Mahomet et ses fidèles avaient été contraints d'émigrer à Médine. La date de cette émigration (l'*Hégire*), marque le début de l'ère musulmane.

« Si je t'adore par crainte de l'Enfer, brûle-moi en Enfer ; si je t'adore dans l'espoir du Paradis, exclue-moi du Paradis. Mais, si je t'adore pour toi-même, ne me prive pas de ta beauté éternelle. »

Rabi'a, El-Adawiya, 717-801, l'une des plus importante mystique de l'islam (soufisme) qui exprimait sa spiritualité sous forme de poèmes, *Diwan*.

« Il n'y a de divinité que Dieu, et Mahomet est son Prophète et Ali est son successeur. »

Profession de foi chiite. L'Islam repose sur Mahomet, prophète de Dieu. Pour les chiites, son successeur est Ali, époux de Fatima et gendre de Mahomet. Il fut le quatrième calife, de 656 à 661 et périt assassiné. La ville de Nadjaf (en Irak, au sud de Bagdad), où se trouve son tombeau, est devenue un centre de pèlerinage.

« Au nom de Dieu :
Celui qui fait miséricorde,
Le Miséricordieux.
Louange à Dieu,
Seigneur des mondes :
Celui qui fait miséricorde,
Le Miséricordieux,
Le Roi du Jour du Jugement
C'est toi que nous adorons, c'est toi dont nous implorons le secours.
Dirige-nous dans le chemin droit :
le chemin de ceux que tu as comblé de bienfaits ;
non pas le chemin de ceux qui encourent ta colère,
ni celui des égarés. »

Première sourate du Coran, al-fatiha (l'ouverture) ou *sourate liminaire*, qui est la prière par excellence de l'Islam.

L'hindouisme

Il s'agit d'un ensemble doctrinal vivant et multiforme, à tendance parfois théiste parfois polythéiste. L'hindouisme s'appuie sur un ordre cosmique. Son rituel minutieux marque les temps forts des cycles de la vie. Chacun est soumis au dharma, ordre cosmique, selon sa catégorie sociale, sa vie, et son karma. Ainsi, individu et cosmos sont profondément liés.

L'ordre cosmique est cyclique et connaît des périodes d'expansion et de résorption. Toute âme transmigre durant la durée d'un cycle cosmique, sauf si elle parvient à se libérer au cours d'une de ses vies. Le but de la vie est donc la libération du cycle des renaissances.

> ### Les textes fondateurs de l'hindouisme
>
> Un ensemble de textes religieux et poétiques, écrits en sanskrit, constitue les **Veda**, soit :
> le Rig-veda : hymnes de louanges ;
> le Yajur-veda : formules sacrificielles ;
> le Sâma-veda : mélodies liturgiques.
> Trois recueils ultérieurs les complètent :
> les Brâhmana : commentaires de la parole sacrée ;
> les Âranyaka : commentaires à utiliser par les renonçants à la quatrième étape de la vie ;
> les Upanishad : traités sur l'identité de l'âtman (le soi) et du brahman (le Tout).
> La Bhagavad-Gîtâ, compte au nombre des livres de la révélation, tout en faisant partie de l'une des deux grandes épopées de l'Inde.

« On l'appelle l'impérissable, le non-manifesté ; c'est lui qu'on proclame le but suprême. Quand on l'a obtenu, on ne renaît plus. C'est mon suprême séjour. »

Bhagavad-Gîtâ, VIII,2021. Dans la loi cosmique universelle sans origine, dharma et sanâtana dharma, l'entité supérieure est appelée brahman (le Tout : Totalité et Potentialité, l'Absolu, l'Impérissable, le Non-Manifesté), le simplement Un, l'Esprit Suprême. Il est accompagné de tout un panthéon hindou : Brahma, Vishnu, Shiva, Krishna et bien d'autres...

« À la façon d'un homme qui a rejeté des vêtements usagés et
en prend d'autres, neufs, l'âme incarnée, rejetant son corps usé,
voyage dans d'autres qui sont neufs. »

Bhagavad-Gîta, II,2. L'âme se réincarne dans des corps successifs. Le but
suprême est de se libérer pour ne plus renaître.

« Le non-être n'accède pas à l'existence, l'être ne cesse pas d'exister.
La démarcation entre ces deux domaines est évidente
pour ceux qui ont l'intuition de la réalité. »

Bhagavad-Gîta II, 16.

« Celui qui connaît la monade [spirituelle] et la nature avec ses
qualités, de quelque manière qu'il se comporte, il ne renaît plus. »

Bhagavad-Gîta XIII, 19.

« Mieux vaut, même de façon défectueuse, [s'acquitter] de son
devoir propre, plutôt que, correctement, d'un devoir étranger.
En accomplissant l'œuvre prescrite par sa propre nature,
on ne tombe en aucune faute. »

Bhagavad-Gîta XVIII, 47.

« L'action est ce qui enchaîne en ce monde. »

Bhagavad-Gîta III, 9.

« Si un homme atteint le cœur de sa propre religion,
il atteint également le cœur des autres religions. »
« La règle d'or de la conduite est la tolérance mutuelle, car nous ne
penserons jamais tous de la même façon, nous ne verrons qu'une
partie de la vérité et sous des angles différents. »
« Ma religion n'est pas une religion de prison. Elle offre une place aux
plus déshérités des créatures de Dieu. Mais elle est à l'épreuve de

l'insolence, de l'orgueil de race, de religion ou de couleur. Je ne crois pas qu'il puisse y avoir sur terre une seule religion. C'est pourquoi je m'efforce de découvrir ce qu'elles ont de commun et de prêcher la tolérance mutuelle. »

Mahatma Gandhi (1869-1948). *Tous les hommes sont frères.*

Gandhi (1869-1948)

Appelé Mahatma (« grande âme ») ou Bapu (« père »), Gandhi, leader politique et spirituel de l'Inde, théorise la notion de désobéissance civile, et tire sa force de l'alliance entre le religieux et le politique. Il est l'un des artisans de l'indépendance de l'Inde et inspire de nombreux mouvements de libération dans le monde.

Avocat formé en Inde et en Angleterre, il devient en 1920 le chef de la lutte nationale. À partir de 1922, il se consacre à l'éducation du peuple, à l'aide aux pauvres, à la libération des femmes indiennes, à la lutte contre le système des castes et milite pour l'autosuffisance économique et l'indépendance.

À partir de 1928, Nehru étant devenu le leader du mouvement national, Gandhi intervient comme caution morale et tente de calmer les violences entre hindous. Il est assassiné en 1948 par un extrémiste hindou.

Toute sa vie partisan de la non-violence et de la philosophie indienne, il a vécu simplement, dans un ashram. Il pratiquait le jeûne, notamment comme moyen de protestation.

« La véritable noblesse consiste non pas à être supérieur à un autre homme, mais à ce qu'on était auparavant. »

Proverbe hindou.

© Eyrolles Pratique

Le bouddhisme

Contrairement aux autres religions présentées ici, le bouddhisme n'est pas le fruit d'une révélation de Dieu faite à l'homme, mais vient de l'Éveil du Bouddha et de son enseignement. La notion même de Dieu n'a d'ailleurs pas de sens. Le bouddhisme s'affirme comme la loi universelle d'une libération totale. L'existence humaine est souffrance et la cause de la souffrance est le désir. Pour se libérer de la souffrance, il faut donc épuiser le karma (acte) pour se libérer du samsara (transmigration) par la voie ouverte par l'Éveil dont le Bouddha est l'illustration, ce qui conduit à l'ultime but de l'existence, le nirvana qui met fin à la succession des renaissances.

> ## Les textes fondateurs du bouddhisme
>
> La parole du Bouddha a été transmise oralement à partir du Sermon de Bénarès. Elle a ensuite été rédigée en deux langues. Il y a donc deux corpus canoniques, l'un en pâli et l'autre en sanskrit.
> Le canon pâli ou Triple Corbeille est composé de :
> la corbeille de la Discipline monastique (Vinaya pitaka), qui traite de confessions, pêchés, pénitences ;
> la corbeille des Textes (Sutta pitaka) qui expose la loi-doctrine ;
> la corbeille de la Loi Approfondie (Abhidharma), traité de métaphysique.
> Deux textes non canoniques ont une forte influence : les questions de Milinda et la Voie de la Pureté.

« Doutez de tout et surtout de ce que je vais vous dire. »
Parole du Bouddha, citée dans Le Dhammapada, dans *Bouddha. Biographie.*

« Entre le ciel et la terre, il n'y a qu'une demeure temporaire. »
Parole du Bouddha, *op. cit.*

« Le don de vérité est un don qui surpasse tous les autres. »
Parole du Bouddha, *op. cit.*

« Mille victoires sur mille ennemis ne valent pas une seule victoire sur soi-même. »

Parole du Bouddha, *op. cit.*

« Tous les êtres vivants sont bouddha et ont en eux sagesse et vertus. »

Parole du Bouddha, *op. cit.*

« Si la haine répond à la haine, comment la haine finira-t-elle ? »
« On peut allumer des dizaines de bougies à partir d'une seule sans en abréger la vie. On ne diminue pas le bonheur en le partageant. »

Parole du Bouddha, *op. cit.*

« Jamais la haine ne cesse par la haine ; c'est la bienveillance qui réconcilie. »

Parole du Bouddha, *op. cit.*

« Soyez à vous-mêmes votre propre refuge. Soyez à vous-mêmes votre propre lumière. [...] Il n'est pas de détresse pour celui qui a terminé son voyage, qui a abandonné tout souci, qui s'est libéré de toutes parts, qui a rejeté tous ses biens. »

Parole du Bouddha, *op. cit.*

Bouddha

Bouddha est un mot sanskrit qui signifie « L'Éveillé ». Il a été donné à Saddharta Gautama, fils d'un souverain de la tribu des Sakyas, qui vécut au Vᵉ siècle avant notre ère. Autre nom du prince : Sakamuni, « le Sage des Sakyas ». À sa trentième année, il partit sur les chemins « en quête de la Vérité ». Méditant sous un figuier, il reçut « l'Éveil », et partit à Bénarès pour enseigner sa philosophie de la sagesse. Il fut, avec son contemporain Confucius, le plus grand maître à penser de l'Asie. Sa doctrine de libération mentale et de compassion continue à se développer, et rencontre même en Europe un succès de plus en plus grand de nos jours.

« Le vrai bonheur ne dépend d'aucun être, d'aucun objet extérieur.
Il ne dépend que de nous... »
« L'apaisement réside en chacun de nous. »
Tenzin Gyatso (né en 1935), dalaï-lama , *Sagesse ancienne, monde moderne.*

Dalaï-lama

Le dalaï-lama est le plus haut chef spirituel du Tibet. Cette fonction est occupée actuellement par Tenzin Gyatso, né en 1935. Il a dû fuir son pays après l'invasion chinoise en 1950. Grâce à sa lutte non violente pour la liberté du Tibet, il a obtenu le prix Nobel de la paix en 1989.

Chapitre 3

La philosophie

Qu'est-ce que la philosophie et quelle est sa place dans notre vie ? Depuis Socrate jusqu'à nos jours, nous vous proposons des citations émanant des auteurs les plus connus, en effectuant un voyage au cours des âges sur six grandes périodes :

▶ l'Antiquité grecque, puis romaine, berceau de la philosophie ;

▶ le Moyen Âge et la Renaissance, du spiritualisme à l'humanisme ;

▶ le XVIIᵉ siècle, et les deux géants de la pensée que furent Blaise Pascal et René Descartes ;

▶ le XVIIIᵉ, « siècle des philosophes » ou siècle des Lumières ;

▶ le XIXᵉ siècle, marqué à la fois par des ruptures et par des synthèses ;

▶ le XXᵉ siècle, souvent considéré comme le siècle de l'angoisse.

Réflexions sur la philosophie

« La philosophie n'est rien d'autre que l'amour de la sagesse. »
Cicéron (106 - 43 av. J.-C.), *Des Devoirs*.

« L'objet de la philosophie n'est pas de fixer des règles, mais d'analyser les jugements de la raison commune. »
Emmanuel Kant (1724-1804), le plus grand des philosophes allemands qui a donné son nom au *kantisme*.

« Un système philosophique n'est pas fait pour être compris, il est fait pour comprendre. »
Jean-François Revel (1924-2006), *Pourquoi des philosophes*.

« Aucune philosophie n'a jamais pu mettre fin à la philosophie,
et pourtant c'est là le vœu secret de tout philosophe
et de toute philosophie. »

Georges Gusdorf (1912-2000), *Mythe et Métaphysique*.

« C'est la vraie marque d'un philosophe que le sentiment
d'étonnement. »

Platon (427 – 348 av. J.-C.), *Théétète*.

« C'est probablement avoir les yeux fermés sans tâcher jamais de
les ouvrir que de vivre sans philosopher. »

René Descartes (1596-1650), *Principes philosophiques*.

« Connais-toi toi-même. »

Socrate s'exprimait ainsi devant ses disciples, reprenant la maxime gravée
au fronton du temple de Delphes : « *Connais-toi toi-même, et tu connaî-
tras l'Univers et les dieux.* »

« À mon avis, toute philosophie est une affaire de forme. Elle est la
forme la plus compréhensive qu'un certain individu puisse donner à
l'ensemble de ses expériences internes ou autres. »

« Ce sont les questions qui font le philosophe. »

« Toute philosophie pourrait se réduire à rechercher laborieusement
cela même que l'on sait naturellement. »

« On ne peut apprendre la philosophie. On ne peut apprendre
qu'à philosopher. »

Paul Valéry (1871-1945), *Mauvaises pensées et autres*.

« La philosophie est le microscope de la pensée. »

Victor Hugo (1802-1885).

© Eyrolles Pratique

La philosophie et ses disciplines

Voici la définition du *Petit Robert* : « Ensemble des études et recherches visant à saisir les causes premières, la réalité absolue ainsi que les fondements des valeurs humaines, et envisageant les problèmes à leur plus haut degré de généralité. » Autrement dit, une conception générale, une vision du monde et des problèmes de la vie élaborée en doctrines, systèmes, théories.

La philosophie est répartie en diverses disciplines :

La logique consiste à faire l'analyse formelle de la connaissance. On distingue principalement la logique formelle (Aristote), la logique symbolique (Leibniz, Russell), la logique transcendantale (Kant).

La morale s'attache à l'ensemble des règles de conduites considérées comme bonnes, soit de façon absolue, soit en fonction d'une culture, d'une époque, d'un style de vie. Grands moralistes : Descartes, Malebranche, Spinoza, Kant, Leibniz, Fichte, Hegel, Bergson, Nietzsche, Schopenhauer et aujourd'hui André Comte-Sponville.

La métaphysique (ou ontologie) a pour objet l'étude de l'être en tant qu'être, des causes de l'Univers, des principes premiers de la connaissance, des questions concernant l'immortalité de l'âme, l'existence de Dieu, les raisons de l'existence du Mal ou le sens ultime de la vie.

On distingue généralement la métaphysique antique (Aristote), la métaphysique médiévale (Pierre Abélard, Thomas d'Aquin), la métaphysique moderne (Descartes, Malebranche, Spinoza, Leibniz, Hume), la métaphysique contemporaine (Kant, Auguste Comte, Heidegger, Louis Lavelle, Jacques Maritain).

La psychologie étudie les faits psychiques qui concernent l'individu et le comportement humain en général. Elle est divisée en de nombreuses branches (psychologie générale, psychologie du comportement, psychologie cognitive, psychologie du développement, psychopathologie, psychologie sociale, psychophysiologie, psychologie évolutionniste, psychologie de l'éducation).

Grands noms de la psychologie : Freud, Jung, Lacan, Pavlov, Watson et Skinner, Piaget, Hebb, Wiener, Herbert Simon, Chomsky, Kurt Lewin.

L'esthétique étudie la nature du beau, les émotions et les perceptions qui s'y appliquent et les différentes formes d'art. Elle s'est efforcée d'énoncer des règles générales du beau et de saisir la source originelle de toute beauté sensible. L'esthétique moderne s'attache à l'étude des formes elles-mêmes, notamment dans les relations qui peuvent exister entre une œuvre, son créateur et son environnement social.

L'éthique, science de la morale. Dans le monde actuel, en recomposition permanente, le domaine de l'éthique appliquée est constamment sollicité : éthique financière, éthique du commerce, responsabilité sociale de l'entreprise, développement durable, éthique sociale et environnementale, bioéthique.

La téléologie qui étudie la finalité des choses.

L'Antiquité, berceau de la philosophie

Les courants de pensée

C'est dans l'Antiquité qu'est née la philosophie. À cette époque, les philosophes se sont principalement attachés à définir les rapports de l'homme avec lui-même, avec l'Univers et avec le divin.

Les **présocratiques** : seuls quelques fragments de leurs œuvres ont été conservés. Les plus célèbres sont Héraclite, Parménide, Empédocle, Pythagore, Thalès de Milet, Zénon d'Élée. Hegel considérait Héraclite (auteur de la formule : « Les contraires s'accordent. ») comme le père de la dialectique moderne.

Socrate né à Athènes en 470 av. J.-C. et condamné à boire la ciguë en 399 av. J.-C., n'a pas laissé d'œuvre écrite, mais sa pensée a donné naissance au courant qui porte son nom. Ses enseignements ont inspiré les écrits de ses disciples, notamment Platon. Parmi les principaux dialogues platoniciens, citons l'*Apologie de Socrate, Criton, Phédon, Le Banquet, Théétète*. Ils affirment la foi en la raison humaine, grâce à laquelle l'homme parvient à la connaissance de soi et au bonheur.

Platon, puis **Aristote** donnèrent naissance à de nouveaux courants de pensée, qui furent redécouverts et mis à l'honneur durant la Renaissance, notamment par les humanistes.

L'épicurisme part aussi de la connaissance, mais vécue plus sensuellement. Épicure (341-270 av. J.-C.) prône une morale du plaisir, qui est le souverain bien. Dans cet esprit hédoniste, la paix de l'âme est facile à atteindre : il faut « se suffire à soi-même et se contenter de peu ».

Le stoïcisme est né en Grèce au IIIe siècle avant notre ère. Ce courant de pensée s'est poursuivi avec des Romains comme Cicéron ou l'empereur Marc Aurèle. Pour les stoïciens, l'homme ne doit pas se révolter contre l'inévitable. Leur maxime essentielle est : « Supporte et abstiens-toi ».

« À tous les hommes est donné de se connaître eux-mêmes
et de penser sainement. »

Héraclite (576-480 av. J.-C.) a formulé cette pensée qui annonce le « connais-toi toi-même » de Socrate à Éphèse où il vivait en solitaire.

« Le visible ouvre nos regards sur l'invisible. »
« L'homme est intelligent parce qu'il a une main. »
« L'homme pense parce qu'il a des mains. »

Anaxagore (576-428 av. J.-C.), *Fragments*.

« La justice de l'intelligence est la sagesse. Le sage n'est pas celui qui sait beaucoup de choses, mais celui qui voit leur juste mesure. »

« Il y a en chacun de nous des calculs que nous nommons espérance. »

« Chacun, parce qu'il pense, est seul responsable de la sagesse ou de la folie de sa vie, c'est-à-dire de sa destinée. »

« Si l'on interroge bien les hommes, en posant bien les questions, ils découvrent d'eux-mêmes la vérité sur chaque chose. »

Platon (427-348 av. J.-C.)

Platon (427-348 av. J.-C.)

Philosophe le plus célèbre de l'Antiquité, Platon rapporte la philosophie de Socrate, puis développe la sienne propre dans ses *Dialogues*. Il s'intéresse à tout : d'abord aux problèmes de morale et de politique et à la connaissance qui n'est accessible que par la discussion et l'argumentation, puis au monde naturel et à la conduite de l'existence. L'une de ses idées les plus connues, dans *La République*, est le « mythe de la caverne », selon lequel notre expérience immédiate ne porte pas sur la réalité mais sur l'idée que nous en avons.

« L'homme est un animal raisonnable. »

« Rien dans notre intelligence qui ne soit passé par nos sens. »

« C'est donc en regardant les choses évoluer depuis leur origine qu'on peut, ici comme ailleurs, en avoir la vue la plus juste. »

« La qualité première du style, c'est la clarté. »

Aristote (384-322 av. J.-C.).

Aristote (384-322 av. J.-C.)

Aristote inaugura un autre type de pensée philosophique. Il avait fait sienne cette maxime : « L'ignorant affirme, le savant doute, le sage réfléchit. »

Plutôt que de partir de la pensée abstraite, sa philosophie part de l'observation et de l'expérience. C'est ainsi qu'il trace un chemin pour les sciences et crée la logique.

« Le plaisir est le commencement et la fin d'une vie heureuse. »

« Quand on se suffit à soi-même, on arrive à posséder ce bien inestimable qu'est la liberté. »

« Une vie heureuse est impossible sans la sagesse, l'honnêteté et la justice et celles-ci à leur tour sont inséparables d'une vie heureuse. »
Épicure (341-270 av. J.-C.), *Lettre à Ménécée.*

« On ne peut pas être sans crainte
quand on inspire la crainte. »

« La vraie sagesse, la vraie supériorité ne se gagne pas en luttant mais en laissant les choses se faire d'elles-mêmes. Les plantes qui résistent au vent se cassent, alors que les plantes souples survivent aux ouragans. »
Du même Épicure, qui a donné son nom à l'épicurisme, philosophie de la recherche du bonheur, *Maximes.*

Panthéisme

Cette doctrine métaphysique identifie Dieu au monde, à l'Univers. Dieu est « immanent », c'est-à-dire qu'il est contenu dans la nature même des êtres et de la nature. Il s'oppose ainsi à un Dieu « transcendant » qui est le Dieu des grandes religions monothéistes.
Les stoïciens, ou encore Plotin (puis plus tard Spinoza au XVIIe siècle), ont développé ces théories plus répandues en Inde où elles prennent des formes religieuses (voir le chapitre « Religions »). Le panthéisme induit un comportement ou un état d'esprit visant à diviniser la nature.

« Heureux est l'homme qui possède la rectitude du jugement. »

« Je gouvernerai ma vie et mes pensées comme si le monde entier devait être le témoin de l'une et pouvait lire dans les autres. »

« Habitue-toi à penser que la mort n'est rien par rapport à nous ; car tout bien – et tout mal – est dans la sensation : or la mort est privation de sensation. »

« Le discours est le visage de l'âme. »
Sénèque (4 av. J.-C - 65), *Lettres à Lucilius.*

Sénèque (4 av. J.-C - 65)

Avocat, orateur, précepteur, notamment de Néron qui deviendra empereur, Sénèque a composé des ouvrages très divers : poésies, discours, traités scientifiques, tragédies, ouvrages philosophiques. Dans ces textes philosophiques, il s'intéresse à la morale et à son application dans la vie quotidienne tout en trouvant son inspiration dans le stoïcisme et l'épicurisme. Dans ses écrits les plus connus, les *Lettres à Lucilius,* il joue le rôle d'un véritable directeur de conscience. Accusé d'avoir participé à une tentative d'assassinat, il reçoit de Néron, dont il avait été le précepteur et conseiller, l'ordre de se donner la mort.

Le Moyen Âge et la Renaissance : du spiritualisme à l'humanisme

Les courants de pensée

Trois courants ont traversé le Moyen Âge et la Renaissance : l'empirisme, le spiritualisme et l'humanisme.

Dans l'**empirisme**, le savoir est fondé sur l'expérience. Il n'atteint pas le niveau de la science.

Le **spiritualisme** affirme l'existence de l'esprit comme réalité supérieure à la matière et antérieure à elle. Il pose le principe de la spiritualité de l'âme et de la supériorité des valeurs spirituelles et morales.

L'**humanisme**, apparu à la Renaissance, place l'homme au centre de son univers et vise son épanouissement. L'humanisme cherche, quelle que soit la période historique, à lutter contre l'ignorance. Il affirme que l'homme reste responsable de ses choix. Les notions de liberté (ce que l'on appelle le « libre arbitre »), de tolérance, d'indépendance, d'ouverture et de curiosité sont de ce fait indissociables de la théorie humaniste classique. L'humanisme désigne toute pensée qui met au premier plan de ses préoccupations le développement des qualités essentielles de l'être humain.

« La liberté de l'homme, c'est l'innocence. »

« L'amitié est la similitude des âmes. »

Alcuin (v. 735-804).

Alcuin (v. 735-804)

Alcuin (de son nom latin Albinus Flaccus), né à York vers 735, et mort à Tours en 804, d'origine anglo-saxonne, illustre bien l'universalisme du Moyen Âge. Il fut l'un des principaux collaborateurs de Charlemagne à partir de 790, et il le célébra dans ses poèmes. Il dirigea l'école du Palais (École palatine) d'Aix-la-Chapelle, puis celle de Tours. Il prit part aux réformes scolaires, et se montra un grand pédagogue, notamment dans les domaines de la grammaire, de la dialectique et de la rhétorique.

« L'âme de votre âme, c'est la foi. »

« Accéder à la béatitude : il n'y a pas d'autre raison de philosopher. »

« Nul ne fait bien une action, quoique bonne,
s'il ne la fait volontairement. »

Saint Augustin (354-430), *La Cité de Dieu*.

Saint Augustin (354-430)

Évêque catholique d'Hippone, d'origine berbère, saint Augustin est l'un des principaux Pères de l'Église et l'un des trente-trois docteurs de l'Église.

« Le péché n'est pas une substance puisqu'il consiste dans
une absence plutôt que dans une présence. »

« On ne peut croire ce qui ne se comprend pas. »

« Le doute amène l'examen et l'examen la vérité. »

Pierre Abélard (1079-1142), *Dialectica*.

Pierre Abélard (1079-1142)

Philosophe et théologien bien connu pour son amour pour la belle Héloïse, Pierre Abélard est l'un des principaux penseurs de la scolastique. Il a rejoint les courants de pensée philosophique ou religieux tendant à nier l'existence du mal.

« Je crains l'homme d'un seul livre. »

« Choisis d'entrer dans la mer par de petits ruisseaux. »

« Le but de la philosophie n'est pas de savoir ce que les hommes ont pensé, mais bien quelle est la vérité des choses. »

« Si nous résolvons les problèmes de la foi par simple voie d'autorité, nous posséderons certes la vérité, mais dans une tête vide. »

Saint Thomas d'Aquin (1225-1274).

Saint Thomas d'Aquin (1225-1274)

Théologien et philosophe italien, membre de l'ordre des Dominicains, un des principaux penseurs de la scolastique et, comme saint Augustin, docteur de l'Église, saint Thomas d'Aquin voulait faire la synthèse entre la pensée d'Aristote et la pensée chrétienne, c'est-à-dire unir raison et foi. L'ensemble de la doctrine de saint Thomas d'Aquin est appelé le thomisme qui deviendra la doctrine de l'Église.

« Science sans conscience n'est que ruine de l'âme. »

François Rabelais (1494-1553), *Pantagruel*.

« Mieux vaut tête bien faite que tête bien pleine. »

« J'aime mieux forger mon âme que la meubler. »

« Les plus belles vies sont celles qui se rangent au modèle commun et humain, avec ordre, mais sans miracle et sans extravagance. »

« Les plaisirs de l'amour sont les seuls vrais plaisirs de la vie corporelle. »

« L'homme est malmené non pas tant par les événements que, surtout, par ce qu'il pense des événements. »

« Philosopher, c'est donner. »

Michel de Montaigne (1533-1592), *Essais*.

« La vie n'a pas de sens. Mais nous lui donnons un sens pendant
que nous existons. »

« Toutes les couleurs s'accordent dans l'obscurité. »

« Si un homme regarde très attentivement, il verra la chance,
car si elle est aveugle, elle n'est pas pour autant invisible. »

« La prospérité est un cortège de craintes et de déplaisirs,
l'adversité de réconforts et d'espoirs. »

Francis Bacon (1561-1626) est l'un des plus célèbres philosophes et hommes
d'État anglais de son temps... à tel point qu'on lui a parfois attribué la
paternité des drames de Shakespeare, *Entretiens et Essais*.

Le XVIIe siècle : entre grâce et cartésianisme

Les courants de pensée

Le XVIIᵉ siècle a été marqué en France par deux géants de la pensée,
René Descartes et Blaise Pascal.

Le premier a donné son nom au **cartésianisme**, méthode d'analyse et de
synthèse pour toute démarche intellectuelle. Descartes a substitué le libre
examen aux méthodes d'autorité qui prévalaient depuis le Moyen Âge.

Le nom de Blaise Pascal est resté lié à l'histoire du **jansénisme**. Le mot
vint de Jansénius (1585-1638), théologien néerlandais mort de la peste
à Ypres où il était devenu évêque. Jansénius fit ses études aux Pays-Bas
et à Paris, et son ouvrage posthume *Augustinus* (1640) fut à l'origine de
nombreuses controverses philosophiques et religieuses. Il voulait
montrer que les catholiques pouvaient interpréter la Bible avec autant
de piété et de mysticisme que les protestants.

Il faut citer aussi les **libres penseurs** qui revendiquaient en priorité la
liberté de pensée et d'expression, pratiquant un rationalisme critique, et
récusant le fanatisme. Ils tentèrent de proposer une explication
matérialiste de l'Univers, espérant que les progrès de la science
permettraient de tout expliquer, y compris l'homme lui-même.

« Le bon sens est la chose la mieux partagée : car chacun pense en être si bien pourvu, que ceux mêmes qui sont les plus difficiles à contenter en toute autre chose, n'ont point coutume d'en désirer plus qu'ils n'en ont. »

« La raison est la seule chose qui nous rend homme. »

« La puissance de bien juger, de distinguer le vrai d'avec le faux, qui est proprement ce qu'on nomme le bon sens ou la raison, est naturellement égale en tous les hommes. »

« On ne peut se passer de méthode pour se mettre en quête de la vérité des choses. »

« Car ce n'est pas assez d'avoir l'esprit bon, mais le principal est de l'appliquer bien. »

« Jamais mon dessein ne s'est étendu plus avant que de tâcher à réformer mes propres pensées, et de bâtir dans un fond qui est tout à moi. »

René Descartes (1596-1650), *Discours de la méthode*.

René Descartes (1596-1650)

René Descartes, fils d'une famille noble originaire de Lorraine, est né en 1596 à La Haye, en Touraine (aujourd'hui Descartes). Il est à la fois philosophe, mathématicien et physicien. Il expose sa méthode en 1637 dans le fameux *Discours de la méthode pour bien conduire sa raison et chercher la vérité dans les sciences* et est considéré comme le père de la pensée moderne.

Les principes du *Discours de la méthode* de Descartes

« Ne recevoir jamais aucune chose pour vraie, que je ne la connusse évidemment être telle. »

« Diviser chacune des difficultés que j'examinerais, en autant de parcelles qu'il se pourrait, et qui serait requis pour les mieux résoudre. »

« Conduire par ordre mes pensées, en commençant par les objets les plus simples et les plus aisés à connaître, pour monter peu à peu, comme par degrés, jusques à la connaissance des plus composés. »

« Faire partout des dénombrements si entiers, et des revues si générales, que je fusse assuré de ne rien omettre. »

« C'est une maladie naturelle de l'homme de croire
qu'il possède la vérité. »

« Il faut savoir douter où il faut, assurer où il faut, et se soumettre où
il faut. Qui ne fait ainsi n'entend pas la force de la raison. »

« Il faut se connaître soi-même. Quand cela ne servirait pas à
trouver le vrai cela au moins servirait à régler sa vie,
et il n'y a rien de plus juste. »

« La justice sans la force est impuissante, la force sans la justice
est tyrannique. »

« L'imagination dispose de tout, elle fait la beauté, la justice, le
bonheur, qui est le tout du monde. »

« Ainsi nous ne vivons jamais, mais nous espérons de vivre ; et nous
disposant toujours à être heureux, il est inévitable que nous
ne le soyons jamais. »

« Dire la vérité est utile à celui à qui on la dit, mais désavantageux à
ceux qui la disent, parce qu'ils se font haïr. »

Blaise Pascal (1623-1662), *Pensées*.

« On peut voir trois principaux objets dans l'étude de la vérité,
l'un de la découvrir, quand on la cherche,
de la démontrer, quand on la possède, le dernier
de la discerner d'avec le faux quand on l'examine. »

Blaise Pascal, *De l'esprit géométrique*.

Blaise Pascal (1623-1662)

Enfant précoce, et même qualifié d'« effrayant génie », il fut d'abord un mathématicien de premier ordre. Après une expérience mystique, il délaisse les mathématiques et la physique pour se consacrer à la réflexion philosophique et religieuse. Il livre ses réflexions dans *Les Provinciales* et les *Pensées*. Il meurt très jeune, à 39 ans, après avoir souffert physiquement toute sa vie.

Sa réflexion est emprunte de jansénisme, doctrine qu'il défendit dans de nombreuses correspondances, et notamment dans les dix-huit lettres polémiques dites *Les Provinciales* (1656-1657). Il y attaquait les jésuites sur leur interprétation de la grâce.

Pour mémoire : le « principe de Pascal » n'est pas d'ordre philosophique ou religieux, mais scientifique. Il s'agit d'un principe d'hydrostatique : « Dans un fluide incompressible en équilibre, les pressions se transmettent intégralement. » Le nom de « pascal » a été donné à l'unité de pression.

La célèbre expérience du Puy-de-Dôme sur la pesanteur de l'air lui permit d'affirmer que « la nature n'a aucune répugnance pour le vide… »

« L'être d'un être est de persévérer dans son être. »

« La béatitude n'est pas la récompense de la vertu,
mais la vertu elle-même. »

« On ne désire pas les choses parce qu'elles sont belles, mais
c'est parce qu'on les désire qu'elles sont belles. »

« Le repentir est une seconde faute. »

« Il vaut mieux enseigner les vertus que condamner les vices. »

« Notre âme en tant qu'elle perçoit les choses de façon vraie
est une partie de l'intelligence infinie de Dieu. »

Baruch Spinoza (1632-1677), que le philosophe contemporain Gilles Deleuze appelait Le Prince des Philosophes eut une influence considérable en son temps et après, *L'Éthique*.

« Il ne faut pas s'offusquer que les autres nous cachent la vérité,
puisque nous la cachons si souvent à nous-mêmes. »

« Notre méfiance justifie la tromperie d'autrui. »

« Nous lisons souvent plus dans le commerce de la vie par
nos défauts que par nos qualités. »

« Il semble que c'est le diable qui a placé la paresse à la frontière
de plusieurs vertus. »

François de La Rochefoucauld (1613-1680), moraliste à l'humour caustique dont les *Maximes* sont remplies d'aphorismes philosophiques, *Maximes*.

« Le monde jaillit des calculs de Dieu. »

« La mathématique universelle est une logique de l'imagination. »

« Chaque substance simple est un miroir vivant perpétuel de l'Univers. »

« Tout est pour le mieux dans le meilleur des mondes possibles. »

Gottfried Wilhelm Leibniz (1646-1716), dont le génie éclectique lui permit d'être à la fois diplomate et homme de loi, philosophe et mathématicien.

« Toutes les sciences ont leur chimère, après laquelle elles courent, sans la pouvoir attraper, mais elles attrapent en chemin d'autres connaissances fort utiles. »

« La santé, c'est l'unité qui fait valoir tous les zéros de la vie. »

Fontenelle (1657-1757).

Fontenelle (1657-1757)

Bernard Le Bovier (on écrit aussi Le Bouyer) de Fontenelle, né à Rouen en 1657, et mort à Paris presque centenaire en 1757, était le neveu du dramaturge Pierre Corneille. Élu à l'Académie française, il détient le record de longévité dans les fonctions de secrétaire perpétuel de l'Académie des sciences. Il contribua beaucoup à la vulgarisation scientifique comme à la vie culturelle de son époque.

Le XVIIIᵉ siècle ou le Siècle des lumières

Les courants de pensée

Avec Montesquieu, Voltaire, Rousseau, Diderot, d'Alembert, Vauvenargues, Adam Smith, Emmanuel Kant, la philosophie est associée aux réflexions économiques, sociales et religieuses. Tous les philosophes de cette époque ont mené le combat contre l'intolérance et les préjugés.

Les maîtres mots du Siècle des lumières sont : raison, progrès, bonheur, sensibilité, nature, voire exotisme.

Schématiquement, la première moitié du siècle est celle du **rationalisme philosophique**, et la seconde celle de la **sensibilité préromantique**. Cette formule de Goethe illustre l'évolution progressive : « Avec Voltaire, c'est un monde qui finit ; avec Rousseau, c'est un monde qui commence. »

> « Le ciel peut seul faire les dévots, les princes font les hypocrites. »

> « Dans une monarchie bien réglée, les sujets sont comme des poissons dans un grand filet, ils se croient libres et pourtant ils sont pris. »

> « La République est une dépouille ; et sa force n'est plus que le pouvoir de quelques citoyens et la licence de tous. »

> « Ce n'est pas l'esprit qui fit les opinions, c'est le cœur. »

Montesquieu (1689-1755) a été, parmi les penseurs du Siècle des lumières, le spécialiste de la réflexion sur l'organisation politique et de la répartition des fonctions de l'État, *Lettres Persanes*.

> « La liberté est le droit de faire ce que les lois permettent. »

> « De toute magistrature il faut compenser la grandeur de la puissance par la brièveté de sa durée. »

> « Il n'y a point de liberté si la puissance de juger n'est pas séparée de la puissance législative de l'exécutrice. »

Montesquieu (1689-1755), *De l'esprit des lois*.

3. La philosophie

« Parmi ceux qui lisent, il y en a vingt qui lisent des romans, contre un qui étudie la philosophie. Le nombre de ceux qui pensent est extrêmement petit, et ceux-là ne s'avisent pas de troubler le monde. »

« En philosophie, il faut se méfier des choses que l'on entend trop aisément, aussi bien que des choses que l'on n'entend pas. »

Voltaire (1694-1778), *Lettres philosophiques*.

Voltaire (1694-1778)

François Marie Arouet, dit Voltaire, est un personnage complexe et contradictoire, à la fois poète, tragédien et philosophe. Ses principaux écrits philosophiques sont les *Contes*, les *Lettres philosophiques* et le *Dictionnaire philosophique*.

Reconnu pour son énergie et son extrême vivacité d'esprit, il est apprécié des grands et des monarques qu'il courtise, sans dissimuler son dédain pour le peuple. Il est néanmoins considéré comme l'un des précurseurs de la Révolution française.

« L'homme civil veut que les autres soient contents de lui, le solitaire est forcé de l'être lui-même ou sa vie est insupportable. »

« C'est l'imagination qui étend pour nous la mesure des possibles et nourrit les désirs par l'espoir de les satisfaire. »

« Conscience ! Conscience ! Instinct divin, immortelle et céleste voix, guide assuré d'un être ignorant et borné, mais intelligent et libre, juge infaillible du bien et du mal qui rend l'homme semblable à Dieu. »

« La conscience est la voix de l'âme, les passions sont la voix du corps. »

« Il est contre l'ordre naturel que le grand nombre gouverne et que le petit soit gouverné. »

« Malheur à qui n'a rien à désirer ! On jouit moins de ce qu'on obtient que de ce qu'on espère et l'on est heureux qu'avant d'être heureux. »

Jean-Jacques Rousseau, *Julie ou la Nouvelle Héloïse*.

« La raison peut se comparer à une montre : on ne voit point marcher l'aiguille ; elle marche cependant, et ce n'est qu'au bout de quelque temps qu'on s'aperçoit du chemin qu'elle a fait. »

« Tôt ou tard, les hommes qui pensent et qui écrivent gouvernent l'opinion, et l'opinion, comme vous le savez, gouverne le monde. »

D'Alembert (1717-1783), qui dirigea *l'Encyclopédie,* fut aussi mathématicien.

D'Alembert (1717-1783)

Jean Le Rond d'Alembert (1717-1783) fut abandonné par ses parents. Son nom vient de la chapelle de Saint-Jean Le Rond (église où il fut déposé par ses parents biologiques). Élevé dans la modeste famille d'un artisan vitrier, il devint très jeune un esprit brillant dans de multiples domaines, et fut élu à l'Académie des sciences, puis à l'Académie française. Il est l'un des principaux artisans de l'ambitieux projet de **L'Encyclopédie** qui apparaît comme la quintessence idéologique de l'esprit des Lumières.

« Si la raison est un don du ciel, et que l'on puisse en dire autant de la foi, le ciel nous a fait deux présents incompatibles et contradictoires. »

Denis Diderot, *Addition aux pensées philosophiques.*

« Ce qui caractérise le philosophe et le distingue du vulgaire, c'est qu'il n'admet rien sans preuve, qu'il n'acquiesce point à des notions trompeuses et qu'il pose exactement les limites du certain, du probable et du douteux. »

Denis Diderot, *Lettre à Sophie Volland,* 26 septembre 1762.

« Les erreurs passent, il n'y a que le vrai qui reste. »

Denis Diderot, *Pages contre un tyran.*

« Hâtons-nous de rendre la philosophie populaire.
Si nous voulons que les philosophes marchent en avant, approchons
le peuple du point où en sont les philosophes. »
Denis Diderot, *De l'interprétation de la nature.*

« On ne retient presque rien sans le secours des mots, et les mots ne
suffisent presque jamais pour rendre précisément ce que l'on veut. »
Denis Diderot, *Pensées détachées sur la peinture, la sculpture et la poésie.*

« Qu'est-ce qu'un paradoxe, sinon une vérité opposée
aux préjugés du vulgaire ? »
« Je puis tout pardonner aux hommes, excepté l'injustice,
l'ingratitude et l'inhumanité. »
Denis Diderot, *Pensées philosophiques.*

Denis Diderot (1713-1784)

Après Francis Bacon (1561-1626), et avant Helvétius (1715-1771),
Holbach (1723-1789), mais surtout avant Marx (1818-1883) et Engels
(1820-1894), Denis Diderot est dans la lignée des **penseurs matéria-
listes** : une seule substance existe, la matière. L'homme fait partie de
la matière (la nature), il est le produit de l'évolution, il est soumis au
déterminisme et au hasard et fixe lui-même sa propre finalité en
s'appuyant sur les perceptions et le savoir.

« La clarté est la bonne foi des philosophes. »
Vauvenargues (1715-1747), *Réflexions et Maximes.*

Vauvenargues (1715-1747)

Luc de Clapiers, marquis de Vauvenargues, est considéré comme l'un
des plus grands moralistes français. Il publia une *Introduction à la
connaissance de l'esprit humain*, et ses pages d'études littéraires
sont restées célèbres, notamment son *Parallèle entre Corneille et
Racine.*

« Le bonheur est un idéal de l'imagination et non de la raison. »
Emmanuel Kant (1724-1804), *De la métaphysique des mœurs.*

« Des pensées sans contenu sont vides, des intuitions sans concepts, aveugles. »
Emmanuel Kant, *Critique de la raison pure.*

« Le devoir est la nécessité d'accomplir une action par respect pour la loi morale. »
« Le concept de liberté dérive de l'impératif catégorique du devoir. »
« Une proposition incorrecte est forcément fausse, mais une proposition correcte n'est pas forcément vraie. »
Emmanuel Kant.

Emmanuel Kant (1724-1804)

La réflexion d'Emmanuel Kant est à la fois tellement synthétique et nouvelle qu'il apparaît comme couronnant les philosophes de son temps et reste un guide pour les penseurs et moralistes du XIXᵉ et du XXᵉ siècle.

Il s'interroge sur les limites de la sensibilité et de la raison, remet la raison au centre du monde et tente de répondre aux trois questions : Que puis-je savoir ? Que dois-je faire ? Que puis-je espérer ? Il y répond par ce qu'on appelle les trois impératifs catégoriques.

Le kantisme s'est prolongé par la pensée de L.H. von Jakob, K.L. Reinhold, puis Charles Renouvier, Martin Heidegger et plus récemment Gilles Deleuze et Jean-François Lyotard.

Les trois impératifs catégoriques de Kant

« Agis toujours de telle sorte que tu puisses ériger la maxime de ton action en loi universelle. »

« Agis toujours de telle sorte que tu traites l'humanité dans ta personne aussi bien qu'en la personne d'autrui comme une fin et jamais comme un moyen. »

« Agis toujours comme si tu étais législateur en même temps que sujet. »

Le XIXᵉ siècle : une rupture philosophique

Les courants de pensée

Karl Marx (1818-1883) et Friedrich Engels (1820-1895) sont à l'origine d'un courant de pensée à la fois philosophique, politique, économique et sociologique qui est resté sous le nom de **marxisme**.

L'histoire s'explique par la lutte des classes. L'évolution des moyens de production change les conditions économiques et amène au pouvoir de nouvelles classes sociales qui, à leur tour, modifient les modes de production. Ainsi, la bourgeoisie capitaliste opprime le prolétariat. Pour résoudre les contradictions du capitalisme, le prolétariat doit prendre le pouvoir. Pour mettre fin à l'exploitation de l'homme par l'homme et pour rendre l'homme maître de son histoire, cette révolution doit aboutir à une nouvelle forme de société, le communisme, sans classe et sans État. La transition vers le communisme doit se faire par la dictature du prolétariat et la collectivisation des moyens de production. Pour préparer la révolution, le prolétariat doit s'organiser sur les plans politique et syndical, notamment par l'internationalisme ouvrier.

Pendant ce temps se développe aussi le courant du **nihilisme**, représenté par Arthur Schopenhauer et Friedrich Nietzsche. Le monde ne devrait pas exister et le monde tel qu'il devrait être n'existe pas. La vie n'a donc pas de sens. Ainsi l'homme fait-il l'expérience tragique de l'absurde, de l'aliénation et du vide existentiel. Et il ne peut y avoir ni vérité morale ni hiérarchie de valeurs.

« L'État est la forme historique spécifique dans laquelle la liberté acquiert une existence objective et jouit de son objectivité. »

« Le droit, l'ordre éthique, l'État constituent la seule réalité positive et la seule satisfaction de la liberté. »

« La philosophie vient toujours trop tard. En tant que pensée du monde, elle apparaît seulement lorsque la réalité a accompli et terminé son processus de formation. »

Friedrich Hegel (1770-1831).

Citations de culture générale expliquées

Georg Wilhelm Friedrich Hegel (1770-1831)

Hegel propose une dialectique par opposition-englobement, mouvement même du concept, vie du système. L'être et la pensée, l'extériorité et l'intériorité, le sujet et l'objet se rejoignent dans l'absolu qui est le discours.

Ce courant de pensée a été poursuivi par Bruno Bauer, Ludwig Feuerbach, Moses Hess, Karl Marx, Johann Rosenkrantz.

Positivisme

Terme forgé par Saint-Simon (1760-1825) et système conçu par Auguste Comte (1798-1857). La primauté est donnée aux faits. Toutes les activités philosophiques et scientifiques ne doivent s'effectuer que dans le cadre de l'analyse des faits vérifiés par l'expérience ; l'esprit humain peut formuler les lois et les rapports qui s'établissent entre les phénomènes et ne peut aller au-delà. Cette importance accordée aux faits a fortement influencé la pensée occidentale.

« L'âge d'or du genre humain n'est point derrière nous,
il est au-devant. »
« La société ne vit point d'idées négatives, mais d'idées positives. »
Saint-Simon (1760-1825), *Du système industriel.*

« L'histoire est, dit-on, le bréviaire des rois ; à la manière dont les rois gouvernent, on voit bien que leur bréviaire ne vaut rien ; l'histoire, en effet sous son rapport scientifique, n'est pas encore sortie des langes de l'enfance. »
Saint-Simon, *Mémoire sur la science de l'homme.*

Saint-Simon (1760-1825)

Claude Henri de Rouvroy, comte de Saint-Simon, dit Saint-Simon est un philosophe et un économiste français original qui a marqué son siècle non seulement dans le domaine intellectuel, mais encore dans des réalisations d'importance nationale, voire mondiale. En effet, des économistes, des industriels et des banquiers qui ont joué un rôle déterminant dans le développement de l'économie du XIXe siècle ont été influencés par les idées saint-simoniennes.

3. La philosophie

« Régler le présent d'après l'avenir déduit du passé. »

« Toute science a pour but la prévoyance. »

Auguste Comte (1789-1857), *Dictionnaire des œuvres politiques.*

« Malgré soi, on est de son siècle. »

Auguste Comte, *Plan des travaux scientifiques nécessaires pour réorganiser.*

« La formule sacrée du positivisme : l'amour pour principe, l'ordre pour base, et le progrès pour but. »

« Nul ne possède d'autre droit que celui de toujours faire son devoir. »

Auguste Comte, *Système de politique positive.*

« Ni aimer ni haïr : voilà la moitié de toute sagesse. Ne rien dire et ne rien croire, voilà l'autre. »

« L'État n'est que la muselière dont le but est de rendre inoffensive la bête carnassière, l'homme, et de faire en sorte qu'il ait l'aspect d'un herbivore. »

Arthur Schopenhauer (1788-1860).

« Ce qui découle du pessimisme, c'est la doctrine de l'absurdité de l'existence. »

Frédéric Nietzsche (1844-1900), *La Volonté de puissance.*

« Le domaine de la liberté commence là où s'arrête le travail déterminé par la nécessité. »

« La conséquence immédiate du fait que l'homme est rendu étranger au produit de son travail, l'homme est rendu étranger à l'homme. »

« Ce n'est pas la conscience des hommes qui détermine leur essence,
c'est au contraire leur existence sociale qui détermine
leur conscience. »

« La propriété privée nous a rendus si stupides et si bornés
qu'un objet n'est nôtre que lorsque nous le possédons. »

« Les prolétaires n'ont rien à perdre que leurs chaînes. Ils ont un
monde à gagner. Prolétaires de tous les pays unissez-vous. »

« L'histoire de toute société jusqu'à nos jours n'a été que l'histoire
de la lutte des classes. »

Karl Marx (1818-1883), *Manifeste du parti communiste.*

« L'État est le capitaliste idéal. »

Friedrich Engels (1820-1895), *Anti-Düring.*

« Les buts des actions sont voulus, mais les résultats que donnent ces
actions ne le sont pas. »

« Partout où le hasard semble jouer à la surface, il est toujours sous
l'empire de lois internes cachées, et il ne s'agit
que de les découvrir. »

Friedrich Engels, *Ludwig Feuerbach.*

« Nous ne percevons, pratiquement, que par le passé, le présent pur
étant l'insaisissable progrès du passé rongeant l'avenir. »

« Le passé tend à reconquérir son influence perdue
en s'actualisant. »

« La conscience est un trait d'union entre ce qui a été et ce qui sera,
un pont jeté entre le passé et l'avenir. »

Henri Bergson (1859-1941), *L'Évolution créatrice.*

Le XXᵉ siècle sous le signe de l'angoisse

Les courants de pensée

À l'encontre de l'optimisme scientiste de la fin du XIXᵉ, le XXᵉ siècle est marqué par l'angoisse et les drames qui ont secoué l'histoire. Le XXIᵉ siècle n'a pas débuté sous de meilleurs auspices, avec la naissance de l'hyperterrorisme.

Des courants de pensée nés au XIXᵉ siècle ont connu des prolongements au XXᵉ siècle. C'est le cas du marxisme en URSS, de 1922 à 1990, avec le **marxisme-léninisme**, et en Chine avec le **maoïsme**.

Deux courants nouveaux ont été particulièrement forts en France : l'**existentialisme** (Jean-Paul Sartre), et le **personnalisme** (Emmanuel Mounier).

Il faut souligner aussi le renouveau des sciences humaines et sociales, avec notamment : l'**épistémologie**, étude critique des sciences, et l'**anthropologie** (Claude Lévi-Strauss).

« Pourquoi y a-t-il des étants, des existants, des choses qui sont plutôt que rien. »

« Dès qu'un homme est né, il est assez vieux pour mourir. »

Martin Heidegger *(1889-1976), Être et Temps.*

« L'angoisse est la disposition fondamentale qui nous place face au néant. »

Martin Heidegger, *De l'essence de la vérité.*

La psychanalyse

La psychanalyse, créée par Sigmund Freud (1856-1939), est à la fois une technique d'investigation des phénomènes psychiques, une méthode de psychothérapie, un ensemble de théories psychologiques et psychopathologiques autour d'un modèle du psychisme impliquant l'inconscient. Elle est devenue célèbre avec des concepts tels que : la cure analytique, le transfert, le refoulement, les principes de plaisir et de réalité, le complexe d'Œdipe, etc.

Françoise Dolto (1908-1988) a été l'une des pionnières de la psychanalyse des enfants, et a fondé avec Jacques Lacan, en 1964, l'école freudienne de Paris.

« Le rêve est la satisfaction d'un désir. »

« Le rêve ne pense ni ne calcule, d'une manière générale,
il ne juge pas. Il se contente de transformer. »

« Les souvenirs oubliés ne sont jamais perdus. »

« L'humour ne se résigne pas, il défie. »

« Les grandes choses peuvent se manifester par des petits signes. »

« L'accumulation met fin à l'impression de hasard. »

« On ne devient pas pervers, on le demeure. »

« Le diable n'est autre chose que l'incarnation des pulsions
anales refoulées. »

« Chez la fille, il n'est de désir plus grand que celui de protection
par le père. »

« L'homme a un instinct sadique, et la femme un instinct
masochiste, lesquels sont inconscients, donc incontrôlables. »

Sigmund Freud (1856-1939), *Sexualité et psychologie de l'amour*.

« L'homme énergique qui réussit, c'est celui qui parvient à
transformer en réalités les fantaisies du désir. »

Sigmund Freud, *Cinq Leçons sur la psychanalyse*.

« La civilisation est quelque chose d'imposé à une majorité
récalcitrante par une minorité ayant compris comment s'approprier
les moyens de puissance et de coercition. »

Sigmund Freud, *L'Avenir d'une illusion*.

« L'existence précède l'essence. »

Jean-Paul Sartre (1905-1980), *L'existentialisme est un humanisme*.

« La vie c'est une panique dans un théâtre en feu. »

Jean-Paul Sartre, *Nekrassov*.

« L'homme est une passion inutile. »
Jean-Paul Sartre, *L'Être et le Néant*.

« L'enfer, c'est les autres. »
Jean-Paul Sartre, *Huis-Clos*.

« Plus absurde est la vie, moins supportable est la mort. »
« Chaque homme doit inventer son chemin. »
Jean-Paul Sartre, *Les Mouches*.

« L'homme est à inventer chaque jour. »
Jean-Paul Sartre, *Situations II*.

« La plus grande vertu politique est de ne pas perdre
le sens des ensembles. »
Emmanuel Mounier (1905-1950).

Emmanuel Mounier (1905-1950)

À l'opposé de l'existentialisme désespérant, teinté de nihilisme, Emmanuel Mounier fonde le personnalisme. Ce mouvement est né du refus conjoint de la société libérale, du marxisme et du fascisme. Il regroupe des intellectuels d'origines diverses qui recherchent une troisième voie humaniste. Le père Teilhard de Chardin a développé une version théologique du personnalisme.

Les personnalistes voulaient susciter une révolution spirituelle grâce à une conception où dans ses rapports avec la nature et la société, la personne est la valeur suprême. Entre 1930 et 1950 ce mouvement a eu une forte influence et a inspiré les mouvements ultérieurs de la nouvelle gauche, du fédéralisme européen, de l'écologie et de la démocratie chrétienne.

« Connaître le monde, c'est se connaître soi-même. »
Pierre Teilhard de Chardin (1881-1955).

« Nous sommes des déserts, mais peuplés de tribus, de faunes et de flores [...] Et toutes ces peuplades [...] n'empêchent pas le désert, au contraire elles l'habitent, elles passent par lui, sur lui [...] Le désert, l'expérimentation sur soi-même, est notre seule identité, notre chance unique pour toutes les combinaisons qui nous habitent. »

Gilles Deleuze (1925-1995), *Dialogues*.

Gilles Deleuze (1925-1995)

Le philosophe Gilles Deleuze a développé une philosophie de l'immanence (c'est-à-dire ce qui est intérieur aux choses). Il n'y a pas de transcendance (ce qui est supérieur, différent), pas de négation, pas de manque, mais une culture de la joie, une dénonciation radicale des pouvoirs.

« L'anthropologie est une discipline dont le but premier, sinon le seul, est d'analyser et d'interpréter les différences. »

Claude Lévi-Strauss (né en 1908), *Anthropologie structurale*.

« La fonction primaire de la communication écrite est de faciliter l'asservissement. »

« Le monde a commencé sans l'homme et il s'achèvera sans lui. »

Claude Lévi-Strauss, *Tristes Tropiques*.

« Rien ne ressemble plus à la pensée mythique que l'idéologie politique. »

Claude Lévi-Strauss, *Anthropologie structurale*.

« Toute philosophie est d'une certaine façon la fin de l'histoire. »

Paul Ricœur (1913-2005), dont la philosophie s'inscrit dans le courant de la phénoménologie, *Histoire et Vérité*.

« Le bonheur est en quelque sorte ce qui met fin à la fuite
en avant du bonheur. »

Paul Ricœur, *Soi-même comme un autre.*

Épistémologie

L'épistémologie est l'étude et la critique de la connaissance scientifique pour en déterminer la portée. Elle étudie la répartition de la connaissance scientifique en disciplines et fait porter sa réflexion sur le savoir et les moyens d'y accéder.

Les grands noms de l'épistémologie moderne sont : Gaston Bachelard, Jean Piaget, Herbert Simon, Gregory Bateson, Paul Watzlawick, Edgar Morin, Michel Serres.

Chapitre 4

La littérature

Des citations sur le style, sur la littérature française et sur le destin de la langue française précèdent une traversée de l'histoire littéraire en cinq grandes périodes :

- ▶ le Moyen Âge et la Renaissance ;
- ▶ le XVIIᵉ siècle : du baroque au classicisme ;
- ▶ le XVIIIᵉ ou le Siècle des lumières ;
- ▶ le XIXᵉ siècle : du romantisme au symbolisme ;
- ▶ le XXᵉ siècle : la quête d'originalité.

Réflexions sur la littérature et la langue française

> « Ce que l'on conçoit bien s'énonce clairement.
> Et les mots pour le dire arrivent aisément. »
> « Hâtez-vous lentement, et, sans perdre courage, vingt fois sur le métier remettez votre ouvrage. Polissez-le sans cesse et repolissez ; ajoutez quelquefois, et souvent effacez. »
> Nicolas Boileau (1636-1711), *L'Art poétique*.

> « Le style doit être comme un vernis transparent : il ne doit pas altérer les couleurs, ou les faits et pensées sur lesquels il est placé. »
> Stendhal (1783-1842), *Mélanges de littérature*.

« [Le style] est une façon très simple de dire des choses compliquées.
C'est [...] cette manière d'épauler, de viser, de tirer vite et juste, que
je nomme le style. Écrire, surtout des poèmes, égale transpirer.
L'œuvre est une sueur. »
Jean Cocteau (1889-1963), *Le Secret professionnel.*

« J'ai appris l'italien pour parler au pape, l'espagnol pour parler à
ma mère, l'anglais pour parler à ma tante, l'allemand pour parler à
mes amis, et le français pour me parler à moi-même. »
Charles Quint (1500-1558), propos tenu par l'homme le plus puissant de
son temps.

« N'employez jamais un mot nouveau, à moins qu'il n'ait ces trois
qualités : être nécessaire, intelligible et sonore. »
Voltaire (1694-1778).

« Je suis laxiste en matière de langue, et j'accepte avec joie
néologisme et argot, mots étrangers, drôleries de toutes sortes,
fantaisies et calembours [...] Mais, je voudrais que la langue reste
claire pour qu'on puisse s'en servir, élégante et légère pour
qu'on y prenne plaisir, univoque et rigoureuse pour
que l'esprit ne s'y égare pas. »
Jean d'Ormesson (né en 1925), académicien, *La France malade de sa langue.*

« J'aime, dans la langue française, sa mélodie sensuelle, claire
comme un rayon de lune. Cette clarté, dans un ton à la fois triste et
gai, doux et amer, je la retrouve dans les chansons populaires [...] »
« [...] Cette langue de l'amour qu'illustrent Marivaux, Musset,
Apollinaire, subitement elle est capable de devenir aussi la langue de
la liberté. Cela devient alors la langue de Montaigne, de Voltaire,
de Montesquieu, de Victor Hugo, d'Émile Zola. »

« Sans les mots, la France n'existerait pas. Elle est une construction de mots. La France et les Français se sont rejoints et compris par cette langue qui les constitue et exprime ce qu'ils sont. La France a été conquise et unifiée par la langue. Une langue qui, selon Michelet, est le plus haut principe de la nationalité, et qui possède un principe spirituel. »

« Pour les Français, dans leur inconscient, cette langue est non seulement le signe de l'appartenance à une communauté, mais celui d'une union mystique. Parler, écrire le français, c'est communier avec l'âme de la France. »

Jean-Marie Rouart (né en 1943), journaliste, écrivain qui a reçu plusieurs prix littéraires, académicien, *Adieu à la France qui s'en va*.

Le Moyen Âge et la Renaissance

Le Moyen Âge : chanson de geste et roman courtois

Repères et grands courants

La littérature médiévale comprend :

- les **hagiographies**, textes relatifs à la vie d'un saint ;
- les **chansons de geste**, poèmes lyriques ou épiques, récités de manière rythmée et psalmodiée, avec, parfois, un accompagnement musical racontant les exploits de héros réels mais souvent mythifiés ; la plus connue est la *Chanson de Roland* ;
- la **poésie des troubadours**, artistes s'exprimant en langue d'oc (limousin, auvergnat, provençal...) et célébrant l'amour courtois (les trouvères s'exprimaient en langue d'oïl) ;
- les **romans courtois**, longs récits écrits en vers octosyllabiques, mettant en scène le combat des chevaliers pour leurs dames. Le plus connu est le *Roman de la Rose* ;
- les **fabliaux**, textes courts à rimes plates qui racontaient une histoire amusante ou triviale, à l'opposé de la littérature courtoise ;
- les **poèmes des grands rhétoriqueurs,** dont la grande virtuosité technique, qui fait leur renommée, permet d'explorer les potentialités de la langue française au moment où elle se stabilise.

« Eh ! Durandal, tu es belle, claire et blanche
Avec toi j'ai conquis Anjou et Bretagne [...]
Et Lombardie et toute la Romagne
Pour cette épée j'ai douleur et tourment. »

Chanson de Roland.

La Chanson de Roland

Plus célèbre chanson de geste, la *Chanson de Roland* a été écrite à la fin du XIe siècle, en dialecte anglo-normand, par un auteur qui signe Turold. Elle fait partie d'une grande œuvre épique, la *Geste du roi*, biographie légendaire de l'empereur Charlemagne.

« C'est là qu'est assis le roi qui gouverne la douce France.
Il a la barbe blanche, toute fleurie, la taille noble,
la contenance majestueuse. »
« C'est le Roman de la Rose
Où l'art d'Amour est tout enclose. »
« Le temps qui ne peut séjourner
Mais va toujours sans retourner
Comme l'eau qui s'écoule toute
Sans que n'en remonte une goutte. »

Le Roman de la Rose.

Le Roman de la Rose

Commencé par Guillaume de Lorris (1205-après1240) puis continué
par Jean de Meung (1275-1280), le *Roman de la Rose* traite de l'art
d'aimer. Il s'agit de l'histoire d'un héros errant dans le « merveilleux
jardin de l'amour », jusqu'à y découvrir la rose parfaite, allégorie de la
femme bien-aimée idéale, qu'il cherche à conquérir.

Le Roman de Renart

Rédigé par des clercs anonymes vers 1170-1250, le *Roman de Renart*
est une œuvre populaire, composée de vingt-neuf récits, qui dépeint à
travers divers animaux la société médiévale de manière satyrique.

« Mais quoy ! Je fuyoie l'escolle
Comme fait le mauvais enfant.
En escriptvant cette parole,
A peu que le cuer ne me fent ! »

François Villon (1431-1463), *Poésies.*

« Autant en emporte le vent,
Qui meurt a le droit de tout dire. »

François Villon, *Ballades des proverbes.*

François Villon (1431-1463)

De très loin le plus célèbre des auteurs du Moyen Âge, François Villon est reconnu pour sa maîtrise du langage et de la rhétorique. Il est considéré comme le premier des poètes modernes, et le précurseur des « poètes maudits ». Il obtint en 1452 une maîtrise ès arts à la faculté des Arts de Paris, puis il la quitta pour aller courir l'aventure. Son destin est obscur et controversé, mais son génie est reconnu.

Le XVIᵉ siècle : poésie et foi en l'homme

Repères et grands courants

Deux mouvements principaux se sont développés durant ce siècle :
- l'**humanisme**, mouvement intellectuel caractérisé par la foi en l'homme, par un intérêt pour toutes les formes de savoir, au travers de la redécouverte des textes de la civilisation gréco-latine, et représenté par Montaigne, voire déjà par Rabelais, et par un grand Européen, Érasme.
- la ***Pléiade***, groupe de sept poètes français : Pierre de Ronsard, Joachim Du Bellay, Jean-Antoine de Baïf, Rémi Belleau, Étienne Jodelle, Pontus de Tyard, Jacques Peletier du Mans. Leur objectif est la défense de la langue française contre ses détracteurs et son illustration par l'enrichissement de son vocabulaire et de ses styles.

« Tout vient à point à qui sait attendre. »

Clément Marot (1496-1544). Cette phrase de Clément Marot est devenue un aphorisme sans cesse répété.

« Reine des Anges au pécheur indulgente,
Tournez vos yeux, maternelle régente,
Vers vos enfants. »

Clément Marot, *Rondeaux*.

« Mieux est ris que de larmes écrire,
Pour ce que rire est le propre de l'homme. »
« L'appétit vient en mangeant ; la soif s'en va en buvant. Il y a plus de vieux ivrognes que de vieux médecins. »

« Lever matin n'est point bonheur ; boire matin est le meilleur. »
François Rabelais (1494-1553), *Pantagruel.*

« Quand reverrai-je, hélas de mon petit village fumer la cheminée ?
Plus que le marbre blanc me plaît l'ardoise fine
Et plus que l'air marin la douceur angevine. »

« Heureux, qui comme Ulysse, a fait un long voyage,
Ou comme celui-là qui conquit la toison,
Et puis est retourné plein d'usage et raison,
Vivre entre ses parents le reste de son âge. »

« France, mère des arts, des armes et des lois,
Tu m'as nourri longtemps du fruit de ta mamelle,
France, France, réponds à ma triste querelle,
Mais nul, sinon l'écho ne répond à ma voix. »
Joachim Du Bellay (1522-1560), *Les Regrets.*

« Mignonne allons voir si la rose [...] »
Pierre de Ronsard (1524-1585), *Odes.*

« Belle fin fait qui meurt en bien aimant. »
Pierre de Ronsard, *Amour de Cassandre.*

« Qui ne pétrit, bon pain ne mange. »
Jean-Antoine de Baïf (1532-1589), qui favorisa l'introduction en France d'une versification semblable à celle pratiquée dans l'Antiquité, *Mimes, enseignements et proverbes.*

« Vraiment c'est chose belle
Aider au doux désir d'un amour fidèle. »
Jean-Antoine de Baïf (1532-1589), *Diverses Amours, II, Dizain.*

« Surtout les vieillards sont dangereux à qui la souvenance
des choses passées demeure et ont perdu la souvenance
de leurs redites. »

« Si on me presse de dire pourquoi je l'aimais, je sens que cela ne
peut s'exprimer qu'en répondant : parce que c'était lui,
parce que c'était moi. »

« Les choses ne sont pas si douloureuses ni difficiles d'elles-mêmes,
mais notre faiblesse et lâcheté les fait telles. »

Michel de Montaigne (1533-1592), *Essais, I.*

« Les médecins ne se contentent point d'avoir la maladie en
gouvernement, ils rendent la santé malade, pour garder qu'on
ne puisse en aucune raison échapper à leur autorité. »

Michel de Montaigne, *Essais, II.*

« Les femmes n'ont pas tort du tout quand elles refusent les règles
de vie qui sont introduites au monde, d'autant que ce sont
les hommes qui les ont faites sans elles. »

Michel de Montaigne, *Essais, III.*

Montaigne (1533-1592)

Michel Eyquem, né au château de Montaigne, et mort à Bordeaux est
le premier des « trois M » de Bordeaux avec Montesquieu et Mauriac.
Il effectua ses études à Bordeaux (collège de Guyenne) et Toulouse
(faculté de droit). Son amitié avec Étienne de La Boétie, rencontré en
1557, est restée célèbre.
Il fit une brève carrière de magistrat, et fut maire de Bordeaux dans
les années 1580. Il aimait consacrer sur ses terres beaucoup de temps
à la méditation et à l'écriture. Ses *Essais*, publiés en 1572 et fréquemment réédités, connurent un grand succès. C'est un chef-d'œuvre
d'analyse personnelle et de morale.

Citations de culture générale expliquées

Le XVIIe siècle : du baroque au classicisme

© Eyrolles Pratique

Repères et grands courants

Au cours du XVIIe siècle, se sont croisés divers mouvements littéraires :

- Le **baroque**, avec des auteurs comme Agrippa d'Aubigné ou Théophile de Viau ou Saint-Amant, est caractérisé par le mélange des genres, l'irrégularité, la profusion des détails, traitant de l'illusion, de la métamorphose et de la mort.

- Le **classicisme** : dans *L'art poétique*, Boileau expose la théorie de l'idéal classique. Celui-ci se fonde sur l'ordre et la clarté, à travers trois principes : la raison (force de réflexion qui dompte l'imagination) ; la nature (écrire dans un style naturel sur la nature humaine) ; la vérité, impliquant la vraisemblance et la finalité morale. Les auteurs classiques les plus célèbres sont Boileau (dont on a surtout retenu des citations sur l'art et le style), les trois grands auteurs de théâtre, Corneille, Racine et Molière, La Bruyère (auteur des *Caractères*), et Jean de La Fontaine, auteur des *Fables*.

- Les **libertins** : ce sont des libres-penseurs, pour qui l'homme peut se diriger lui-même en suivant la raison et la nature, sans succomber à l'idéologie religieuse. Les auteurs les plus connus de ce mouvement sont : Théophile de Viau et Saint-Évremond, ou encore Gassendi, (surtout connu comme grand savant). Ce mouvement se poursuit au XVIIIe siècle, avec des auteurs comme le marquis de Sade et Choderlos de Laclos.

- La **préciosité** : ce mouvement qui se développe dans les salons est caractérisé par la mise en valeur de tout ce qui entoure les précieux dans un souci d'élégance dans le goût, les manières et le langage. Dans ces salons, dont les plus importants sont la « Chambre bleue » de la marquise de Rambouillet et celui de Madeleine de Scudéry, (auteur de romans à clés), on cultive l'art de la conversation et des divertissements littéraires. Molière a raillé ce courant dans *Les Précieuses ridicules*.

« Nous sommes entourés de livres qui enseignent, donnez-nous en pour émouvoir. »

« Une rose d'automne est plus qu'une autre exquise. »

« Il y a de la peine oisive
Et du loisir qui est labeur. »

Agrippa d'Aubigné (1552-1630), *Les Tragiques*.

Agrippa d'Aubigné (1552-1630)

Né à Pons, en Saintonge, et mort à Genève où il avait émigré, Agrippa d'Aubigné fut homme de guerre, diplomate, prosateur et poète. Il fut très jeune un grand érudit, et à cet égard un homme de la Renaissance, et son œuvre abondante et très foisonnante se poursuivit au cours des trois premières décennies du XVIIe siècle.

« N'espérons plus mon âme, aux promesses du monde,
Sa lumière est un verre, et sa faveur une onde. »

François de Malherbe (1555- 1628), *Imitation du Psaume Lauda anima mea dominum.*

« Et rose elle a vécu ce que vivent les roses,
l'espace d'un matin [...] »

François de Malherbe, *Consolation à Monsieur Du Périer.*

« L'arrangement des mots est un des plus grands secrets du style. »
« Mon dessein n'est pas de réformer notre langue, ni d'abolir des mots, ni d'en faire, mais seulement de montrer le bon usage de ceux qui sont faits, et, s'il est douteux ou inconnu, de l'éclaircir et de le faire connaître. »

Vaugelas (1586-1650), *Remarques sur la langue française, utiles à ceux qui veulent bien parler et bien écrire.*

« Je m'en vais ou je m'en vas, car l'un et l'autre se dit, ou se disent. »

Dernières paroles de Vaugelas, demeurées célèbres.

Vaugelas (1585-1650)

Membre de l'Académie française dès sa création en 1634, Claude Favre de Vaugelas a participé de façon très intensive à la rédaction du Grand Dictionnaire. Son principal ouvrage, *Remarques sur la langue française,* est publié en 1647. Il tente d'y définir et d'y codifier le bon usage du français, dans la lignée de Malherbe. Il a été surnommé : « Le mousquetaire de la langue française. »

« Je ne puis rien nommer, si ce n'est par son nom,
J'appelle un chat un chat, et Rolet un fripon. »
Nicolas Boileau (1636-1711), *Satire I.*

« Le vrai peut quelquefois n'être pas vraisemblable. »
« Qu'en un lieu, qu'en un jour, un seul fait accompli
Tienne jusqu'à la fin le théâtre rempli. »
« Aimez qu'on vous conseille, et non pas qu'on vous loue. »
Nicolas Boileau, *L'Art poétique.*

« Ô rage ! ô désespoir ! ô vieillesse ennemie !
N'ais-je donc autant vécu que pour cette infamie ? »
« Rodrigue as-tu du cœur ? [...] »
« Montre-toi digne fils d'un père tel que moi [...] »
« Va, cours, vole et nous venge [...] »
« À qui venge son père, il n'est rien d'impossible. »
« À vaincre sans péril, on triomphe sans gloire. »
Pierre Corneille (1606-1684), *Le Cid*, actes I et II.

« Dieu ne veut point d'un cœur où le monde domine [...] »
« Je ne veux que la voir, soupirer et mourir [...] »
« Périssant glorieux, je périrai content [...] »
« Je le ferai encore si j'avais à le faire. »
Pierre Corneille, *Polyeucte*, actes I, II, IV, V

« Je me sers d'animaux pour instruire les hommes. »
Jean de La Fontaine (1621-1695), *Fables*, préface.

« Rien ne sert de courir, il faut partir à point. »
Jean de La Fontaine, *Le Lièvre et la Tortue.*

« Selon que vous serez puissant ou misérable, les jugements de cour
vous rendront blanc ou noir. »
Jean de La Fontaine, *Les Animaux malades de la peste*.

« Plutôt souffrir que mourir, c'est la devise des hommes. »
Jean de La Fontaine, *La Mort et le Bûcheron*.

« La raison du plus fort est toujours la meilleure. »
Jean de La Fontaine, *Le Loup et l'Agneau*.

« Le petit chat est mort. »
Molière (1622-1673), *L'École des femmes*.

« Qui se sent morveux se mouche. »
Molière, *L'Avare*.

« Les langues ont toujours du venin à répandre.
Contre les médisances il n'est point de rempart. »
Molière, *Tartuffe*.

« Plus l'offenseur m'est cher, plus je ressens l'injure. »
Jean Racine (1639-1699), *La Thébaïde*.

« Oui, puisque je retrouve un ami si fidèle,
Ma fortune va prendre une face nouvelle. »

« Pour qui sont ces serpents qui sifflent sur vos têtes ? »

« Vaincu, chargé de fers, de regrets consumé
Brûlé de plus de feux que je n'en allumai. »
« Ah ! je l'ai trop aimé pour ne point le haïr ! »
« Mais de grâce, est-ce à moi que ce discours s'adresse ? »

Jean Racine, *Andromaque*.

« Belle, sans ornement, dans le plus simple appareil
D'une beauté qu'on vient d'arracher au sommeil. »

Jean Racine, *Britannicus*.

« L'on doit se taire sur les puissants : il y a presque toujours de
la flatterie à en dire du bien ; il y a du péril à en dire du mal pendant
qu'ils vivent, et de la lâcheté quand ils sont morts. »

Jean de La Bruyère (1645-1696), moraliste impitoyable a livré plus de 1000
portraits ou maximes qui livrent sur la nature humaine des observations
qui atteignent, elles aussi, l'universel. *Les Caractères ou les Mœurs de ce
siècle*.

« J'ai pris un trait d'un côté, un trait d'un autre, et de ces divers traits
qui pouvaient convenir à une même personne,
j'ai fait des peintures vraisemblables. »
« Il faut que mes peintures expriment bien l'homme en général,
puisqu'elles ressemblent à tant de particuliers. »

Jean de La Bruyère, *Les Caractères ou les Mœurs de ce siècle*, préface.

Le XVIIIe siècle ou le Siècle des lumières

Repères et grands courants

Au XVIIIe siècle, les **écrivains philosophes** (d'Alembert, Diderot, Montesquieu, Voltaire, Rousseau) sont convaincus que le triomphe de la raison permettra de sortir de l'obscurantisme **et de faire la lumière** (d'où le nom) sur les préjugés et l'intolérance. Ils ont la volonté de conduire l'homme au bonheur par la connaissance et l'exercice de l'esprit critique.

Certains philosophes, comme Voltaire, sont aussi auteurs de théâtre. Les deux plus grands dramaturges sont, sans conteste, Marivaux et Beaumarchais.

Peu de poètes méritent en revanche de rester dans l'histoire de ce siècle. Les deux plus grands, Chénier et Florian, connaissent un destin tragique sous la Terreur en 1794.

Outre les contes et romans philosophiques, il faut citer aussi ceux qui relèvent du libertinage et du courant de la critique sociale.

Signalons, pour mémoire, un courant mineur, l'**illuminisme**, représenté notamment par Martinez Pasqualis et Louis-Claude de Saint-Martin. Il s'agit d'une sorte de mysticisme, dont les adeptes aspirent à s'élever à la connaissance du surnaturel, surtout en matière religieuse.

« Comme les hommes sont quelquefois méchants, mettez-vous en état de faire du mal, seulement afin qu'on n'ose pas vous en faire. »
Marivaux (1688-1763), *La Double Inconstance.*

« Quand une fois l'imagination est en train, malheur à l'esprit qu'elle gouverne. »
Marivaux , *La Vie de Marianne.*

Marivaux (1688-1763)

Pierre Carlet de Chamblain de Marivaux est juriste de formation, mais il se consacre aux arts et aux lettres et à la vie mondaine. Il est élu en 1742 à l'Académie française (en devançant Voltaire !).

Le « marivaudage » désigne des propos ou une conduite faite de galanterie délicate et recherchée (sans vulgarité, mais avec l'éloquence du cœur et de l'esprit). Marivaux avait recommandé : « Cueillez la grappe pendant qu'elle pend, on ne fait pas toujours vendange » (ce qui rappelle à la fois Rabelais et des poètes de la Renaissance).

Parmi ses titres les plus révélateurs : *Arlequin poli par l'amour*, *La Double Inconstance*, *Les Fausses Confidences*, *Le Jeu de l'amour et du hasard*, *Le Paysan parvenu*, *Le Petit Maître corrigé*.

« Sans la liberté de blâmer, il n'est point d'éloge flatteur. »

Beaumarchais (1732-1799), *Le Mariage de Figaro*.

« Je me presse de rire de tout, de peur d'être obligé d'en pleurer. »

Beaumarchais, *Le Barbier de Séville*.

Pierre-Augustin Caron de Beaumarchais (1732-1799)

Il s'agit de l'un des personnages les plus fascinants du XVIIIe siècle. Il fut notamment musicien et auteur, éditeur, courtisan, agent secret, trafiquant d'armes, et même diplomate (durant la guerre d'Indépendance des États-Unis d'Amérique).

Fils d'horloger, séducteur et souvent intrigant, il eut trois épouses et dût faire face à de multiples procès.

En 1790, il se rallie à la Révolution française et devient membre de la Commune de Paris. Il est emprisonné sous la Terreur, mais échappe à l'échafaud et s'exile.

Beaumarchais a incarné l'émergence des libertés populaires dans un monde où vacillent l'aristocratie et l'Ancien Régime.

La Comédie française reçut, en 1773, *Le Barbier de Séville* dont la suite fut *Le Mariage de Figaro*. Son théâtre est engagé. Ses pièces les plus connues font partie de la trilogie de Figaro : *le Barbier de Séville*, *le Mariage de Figaro*, *la Mère coupable*.

« La Justice est une si belle chose qu'on ne saurait trop l'acheter. »
Alain-René Lesage (1668-1747), *Crispin rival de son maître.*

« Il ne faut pas mettre dans une cave un ivrogne
qui a renoncé au vin. »
Alain-René Lesage, *Gil Blas de Santillane.*

Alain-René Lesage (1668-1747)
Auteur dramatique et romancier, il a écrit des propos en rapport avec ceux des philosophes de son temps.

« Après le rare bonheur de trouver une compagne qui nous soit bien assortie, l'état le moins malheureux de la vie est sans doute de vivre seul. »
Henri Bernardin de Saint-Pierre (1737-1814), célèbre pour son roman *Paul et Virginie* dont est extraite cette citation, a été un précurseur des romantiques avec ses *Études de la nature* et *Harmonies de la nature.* Il a aussi été botaniste, intendant du jardin des Plantes, membre de l'Institut de France et de l'Académie française.

« Les crimes ne naissent que de l'indigence et de l'extrême opulence. »
Bernardin de Saint-Pierre, *Études de la nature.*

« On ne ferait pas souvent une divinité de l'Amour s'il n'opérait des miracles. »
« Il faut compter ses richesses par les moyens qu'on a de satisfaire ses désirs. »
Abbé Prévost, *Manon Lescaut.*

Abbé Prévost (1697-1763)

Antoine François Prévost d'Exiles, dit l'abbé Prévost, prononça ses vœux en 1721, devint bénédictin, avant de se défroquer. Ses ouvrages sont souvent aussi rocambolesques que son existence. Son récit le plus célèbre est l'*Histoire du Chevalier Des Grieux et de Manon Lescaut.*

« La femme ne sent son pouvoir qu'autant qu'elle en abuse. »
Nicolas Restif de La Bretonne (1734-1806), *Entretien sur le mariage.*

« La dépravation suit le progrès des Lumières. Chose très naturelle que les hommes ne puissent s'éclairer sans se corrompre. »
Nicolas Restif de La Bretonne, *Le Pornographe.*

« Tout est bon quand il est excessif. »
Marquis de Sade (1740-1814), *La Nouvelle Justine.*

« Je suis l'homme de la nature avant d'être celui de la société. »
« La bienfaisance est bien plutôt un vice de l'orgueil qu'une véritable vertu de l'homme. »
« Il est très doux de scandaliser : il existe là un petit triomphe pour l'orgueil qui n'est nullement à dédaigner. »
Marquis de Sade, *La Philosophie dans le boudoir.*

Marquis de Sade (1740-1814)

Donatien Alphonse François s'est fait connaître sous le nom de marquis de Sade, et a été très longuement emprisonné ou interné à l'asile ; il est décédé à Charenton en 1814. Il est resté célèbre par ses provocations libertines et révolutionnaires. Depuis la fin du XIXe siècle, le mot *sadisme* est passé dans le langage courant pour désigner la délectation dans la souffrance d'autrui, le goût pervers de faire souffrir.

« Nous convenons de nos défauts, mais c'est pour que l'on nous démente. »

Jean-Pierre Florian (1755-1794) a été dans ses *Fables* le continuateur de La Fontaine.

« Il en coûte trop cher pour briller dans le monde.
Combien je vais aimer ma retraite profonde,
Pour vivre heureux, vivons cachés. »

Jean-Pierre Florian, *Le Grillon*.

« L'art ne fait que des vers, le cœur seul est poète. »
« Avant de la quitter, il faut oser la vie.
Le moment d'être sage est voisin du tombeau. »

André de Chénier (1762-1794), qui fut guillotiné le 25 juillet 1794, deux jours avant l'arrestation de Robespierre ; *Élégies*.

Le XIXᵉ siècle : du romantisme au symbolisme

4. La littérature

Repères et grands courants

Le XIXᵉ siècle a été très riche sur le plan des courants littéraires :

- Le **romantisme** s'oppose à la tradition classique par la volonté de libérer l'imagination et la langue. Ses thèmes de prédilection sont la nature et l'amour. Ses auteurs : Victor Hugo, Lamartine, Musset, Vigny, et Goethe en Allemagne.
- Le **Parnasse** se caractérise par le refus des épanchements sentimentaux et le souci exclusif de la forme. Partisans de l'art pour l'art, les poètes du Parnasse se tournent vers la Grèce et la Rome antiques, l'Orient, l'Espagne des conquistadores et ne s'intéressent pas aux événements politiques de leur époque. Ses représentants sont Théophile Gautier, Coppée, Banville, Heredia, Leconte de L'Isle.
- Le **réalisme** : l'organisation de la société due à l'ère industrielle est source d'inspiration pour l'artiste. Ce mouvement cherche à décrire le plus fidèlement la réalité au travers d'histoires vécues, racontées avec de nombreux détails. Son grand précurseur est Balzac.
- Le **naturalisme**, dans le prolongement du réalisme, se donne pour but de représenter la réalité en appliquant à l'observation des phénomènes sociaux les techniques des sciences expérimentales. Ce courant est représenté par Zola et Maupassant.
- Le **décadentisme** apparaît à la fin du XIXᵉ siècle et se caractérise par l'inquiétude, la mélancolie, le pessimisme face à la société. Charles Baudelaire en est le précurseur, et l'auteur le plus connu, Joris-Karl Huysmans.
- Le **symbolisme** a la volonté de se démarquer du réalisme et du naturalisme. Il recherche de nouveaux moyens d'expression pour dépasser la simple représentation réaliste. Les meilleurs exemples de ce courant sont Mallarmé, Rimbaud et Verlaine.

« La beauté n'est que la promesse du bonheur [...] »

« Il y a toujours une chose qu'un Français respecte plus
que sa maîtresse, c'est sa vanité. »

Stendhal (1783-1842), *De l'amour.*

« Je réussirai ! Le mot du joueur, du grand capitaine, mot fataliste
qui perd plus d'hommes qu'il n'en sauve. »

Honoré de Balzac (1799-1850), dont l'ensemble de l'œuvre, monumentale,
porte le nom de *La Comédie humaine* ; *Le Père Goriot*.

« Un grand homme politique doit être un scélérat abstrait, sans quoi
les sociétés sont mal menées. »

Honoré de Balzac, *La Maison Nucingen*.

« Le poète ne doit avoir qu'un modèle, la nature,
qu'un guide, la vérité. »

Victor Hugo (1802-1885), *Odes et Ballades*.

« Vous êtes mon lion superbe et généreux [...] »

Victor Hugo, *Hernani*.

Victor Hugo (1902-1885)

Victor Hugo est né en 1802 à Besançon, ville qu'il qualifia dans l'un de ses poèmes de « vieille ville espagnole ». Fils de général, il eut très vite les plus hautes ambitions littéraires, proclamant à quatorze ans : « Je veux être Chateaubriand ou rien. »

Il obtint la célébrité dès ses vingt ans en publiant des *Odes et Ballades*. La préface de *Cromwell* (1827) fit de lui à la fois le théoricien et le chef de file de l'école romantique.

Il publia dans les années 1830 de grands recueils lyriques, des pièces de théâtre (succès des drames *Marion Delorme*, *Lucrèce Borgia*, *Ruy Blas*), ainsi qu'un roman historique, *Notre-Dame de Paris* (1831). Parallèlement, il entama une carrière politique : après avoir été monarchiste, il évolua vers la démocratie libérale et humanitaire, dont il fut une grande figure jusqu'à sa mort en 1885.

Il s'exila après le coup d'État de 1851, et publia de violentes satires contre Napoléon III (*Les Châtiments*). Parmi ses œuvres principales, il faut citer *Les Contemplations* et *La Légende des siècles*, ainsi que des romans (notamment *Les Misérables*).

Revenu d'exil après la chute de l'Empire en 1870, il poursuivit ses écrits, tout en jouant un rôle politique important grâce à son immense prestige. La République lui fit des funérailles nationales en 1885, et ce fut l'une des plus grandes manifestations du siècle.

« Un seul être vous manque et tout est dépeuplé. »
« J'ai trop vu, trop senti, trop aimé dans ma vie. »
« Je marche dans la nuit par un chemin mauvais,
Ignorant d'où je viens, incertain où je vais. »
« Mais la nature est là qui t'invite et qui t'aime [...] »

« Ô temps, suspends ton vol, et vous, heures propices !
Suspendez votre cours [...] »

Alphonse de Lamartine (1790-1869), *Méditations poétiques.*

Lamartine (1790-1869)

Né à Macon et mort à Paris, après avoir connu des années très difficiles sous le Second Empire, Lamartine a vécu une jeunesse imprégnée de ferveur religieuse à Milly, petite commune de Saône-et-Loire (devenue Milly-Lamartine), à laquelle il consacra de beaux vers dans ses *Harmonies poétiques et religieuses.*

Il s'engagea dans la carrière diplomatique, et fut notamment représentant de la France auprès du grand duc de Toscane à Florence. Après un long voyage en Orient, il revint en France pour entreprendre une carrière politique, et il siégea à la Chambre des députés de 1833 à 1851. Outre ses œuvres poétiques, il publia une excellente *Histoire des Girondins* (1847), qui lui valut un regain de prestige. Bon orateur, il devint membre du gouvernement provisoire après la révolution de 1848, et exerça les fonctions de ministre des Affaires étrangères. Mais il obtint moins de 18 000 voix aux élections présidentielles de décembre 1848, remportées haut la main par Louis-Napoléon Bonaparte. Celui-ci mit fin à la Deuxième République par le coup d'État du 2 décembre 1851, et rétablit l'Empire à son profit en 1852.

En situation politique et financière très difficile, Lamartine se trouva condamné à des « travaux forcés littéraires », écrivant pour survivre des compilations historiques et des romans sociaux.

« [...] Et debout devant Dieu, Moïse avait pris place,
Dans le nuage obscur lui parlait face à face. »
« Hélas ! Je suis, Seigneur puissant et solitaire,
Laissez-moi m'endormir du sommeil de la terre ! »

Alfred de Vigny (1797-1863), *Poèmes antiques et modernes, Livre mystique, Moïse.*

« J'aime le son du cor, le soir, au fond des bois
Soit qu'il chante les pleurs de la biche aux abois,
Ou l'adieu du chasseur que l'écho faible accueille,
Et que le vent du nord porte de feuille en feuille. »
Alfred de Vigny, *Le Cor.*

« Seul le silence est grand, tout le reste est faiblesse [...] »
« Gémir, pleurer, prier est également lâche.
Fais énergiquement ta longue et lourde tâche
Dans la voie où le sort a voulu t'appeler,
Puis après, comme moi, souffre et meurs sans parler. »
Alfred de Vigny, *La Mort du loup.*

« Qu'importe le flacon, pourvu qu'on ait l'ivresse. »
Alfred de Musset (1810-1857), *La Coupe et Les lèvres.*

« Poète prends ton luth et me donne un baiser.[...]
Partons, nous sommes seuls, l'Univers est à nous [...]
Rien ne nous rend si grands qu'une grande douleur. [...]
Les chants les plus désespérés sont les chants les plus beaux
Et j'en sais d'immortels qui sont de purs sanglots. »
Alfred de Musset, *Nuit de mai.*

« Le Poète est semblable au prince des nuées
Qui hante la tempête et se rit de l'archer ;
Exilé sur le sol au milieu des huées,
Ses ailes de géant l'empêchent de marcher. »
Charles Baudelaire (1821-1867), *Spleen, II, L'Albatros.*

« Les parfums, les couleurs et les sons se répondent. »
Charles Baudelaire, *Spleen, IV, Correspondances.*

« C'était à Mégara, faubourg de Carthage, dans les jardins
d'Hamilcar. »
Gustave Flaubert (1821-1880), *Salammbô.*

« Il ne faut pas toucher aux idoles : la dorure en reste aux mains. »
Gustave Flaubert, *Madame Bovary.*

« Il pleure dans mon cœur
Comme il pleure sur la ville ;
Quelle est cette langueur
Qui pénètre mon cœur ? »
Paul Verlaine (1844-1896), *Romances sans paroles.*

« Les sanglots long
Des violons
De l'automne
Blessent mon cœur
D'une langueur
Monotone. »
Paul Verlaine, *Poèmes saturniens.* Strophe choisie par les Alliés pour
annoncer sur les ondes le débarquement en Normandie le 6 juin 1944.

« Nous nous sentions si forts, nous voulions être doux. »
« On n'est pas sérieux quand on a dix-sept ans. »
Arthur Rimbaud (1854-1891), *Poésies, Le Forgeron,* puis *Poésies, Roman, I.*

« Nature, berce-le chaudement il a froid.
Les parfums ne font plus frissonner sa narine ;
Il dort dans le soleil, la main sur sa poitrine
Tranquille. Il a deux trous rouges au côté droit. »
Arthur Rimbaud, *Poésie, Le Dormeur du val.*

Le XXᵉ siècle : la quête de l'originalité

Repères et grands courants

Pas moins de huit mouvements, d'importance inégale, ont marqué la littérature du XXᵉ siècle.

- Le **dadaïsme**, né en 1916 et représenté par Tristan Tzara, se caractérise par un esprit de révolte, de provocation et de dérision contre la conception traditionnelle de l'art et l'ordre établi.

- Le **surréalisme** a été défini par André Breton dans le *Manifeste du surréalisme* publié en 1924. Ce mouvement, influencé par le traumatisme de la guerre, la psychanalyse, et les travaux de Marx, affirme la puissance du rêve, de l'instinct et du désir contre l'ordre logique ou moral. Ses plus importants représentants sont Breton, Aragon, Artaud, Crevel, Delteil, Desnos, Éluard, Vitrac.

- Le **réalisme socialiste** tente d'allier idéologie et création artistique. Son représentant est Henri Barbusse.

- La **littérature prolétarienne** définie par Henry Poulaille : l'auteur prolétarien est d'origine ouvrière ou paysanne, autodidacte et raconte les conditions d'existence de sa classe sociale.

- L'**existentialisme** : mouvement à la fois littéraire et philosophique qui fonde sa pensée sur le fait que l'homme crée lui-même ce qu'il est, librement, à travers ses actes. Il est représenté par Jean-Paul Sartre, Simone de Beauvoir, et Gabriel Marcel pour le versant chrétien de ce mouvement.

- L'**Oulipo**, acronyme d'OUvroir de LIttérature POtentielle. L'Oulipo est une association fondée en 1960 par l'écrivain et poète Raymond Queneau et le mathématicien François Le Lionnais, dont les membres postulent que les contraintes formelles permettent à l'imagination de s'exprimer. Georges Perec fit partie de ce mouvement.

- Le **nouveau roman**, né dans les années 1950, remet en question les principes du roman traditionnel, dit « balzacien », en détruisant les notions de personnage et d'analyse psychologique, en refusant de mettre en place une intrigue. Jean Ricardou dit : « Le roman n'est plus l'écriture d'une aventure, mais l'aventure d'une écriture. » Parmi les écrivains du nouveau roman : Alain Robbe-Grillet, Nathalie Sarraute, Claude Simon, Michel Butor.

Le **théâtre de l'absurde** a produit des œuvres marquantes, notamment celles d'Eugène Ionesco et de Samuel Beckett.

En outre, les **revues littéraires**, telles que la *Nouvelle Revue Française* (NRF), ont marqué la littérature française du XXᵉ siècle. La revue en elle-même n'est pas un nouveau genre d'expression, mais la plus grande diffusion des idées et des textes qu'elle permet en a fait un vecteur idéal des recherches et des expérimentations de grands auteurs.

© Eyrolles Pratique

> « L'homme connaît le monde non point par ce qu'il y dérobe,
> mais par ce qu'il y ajoute. »

Paul Claudel (1868-1955), *Art poétique, Connaissance du temps, I, De la cause*.

> « Ô mon Dieu [...] je suis libre, délivrez-moi de la liberté ! »

Paul Claudel, *Art poétique, L'Esprit et l'Eau*.

Paul Claudel (1868-1955)

Paul Claudel eut à 18 ans la révélation de la foi catholique à la cathédrale Notre-Dame de Paris. Il fréquenta dès l'âge de 13-14 ans des cénacles littéraires, comme celui de Mallarmé. Il publia ses premières œuvres dramatiques à 22 ans, et fut reçu major au concours des Affaires étrangères. Il partit alors pour les États-Unis, l'Espagne, puis en Extrême-Orient.

Premières grandes œuvres poétiques publiées au début du XXᵉ siècle : *Art poétique, Cinq Grandes Odes*.

Son œuvre lyrique est ensuite inséparable de son œuvre théâtrale. Dès les années 1890, il publie de grands drames : d'abord en France, *Tête d'or, La Ville*, puis en poste aux États-Unis, *L'Échange*. Pendant ses années d'ambassade, en Europe, puis à Tokyo et à Washington, il composa : *L'Annonce faite à Marie, L'Otage, Le Pain dur, Le Père humilié, Le Soulier de satin*. Il glorifia l'amour de Dieu dans le *Partage de midi*.

> « Je te le dis en vérité, Nathanaël, chaque désir m'a plus enrichi que
> la possession toujours fausse de l'objet même de mon désir, [...]
> Nathanaël, je t'enseignerai la ferveur. »

> « Familles, je vous hais ! Foyers clos ; portes refermées ; possession
> jalouse du bonheur [...] »

André Gide (1869-1951), *Les Nourritures terrestres*.

> « Toute chose appartient à qui sait en jouir. »

André Gide, *Si le grain ne meurt*.

« Mais à l'instant même où la gorgée mêlée de miettes du gâteau
toucha mon palais, je tressaillis, attentif à ce qui se passait
d'extraordinaire en moi. Ce goût, c'était celui du petit morceau de
madeleine que le dimanche matin à Combray (parce que ce jour-là je
ne sortais pas avant l'heure de la messe), quand j'allais lui dire
bonjour dans sa chambre, ma tante Léonie m'offrait après l'avoir
trempé dans son infusion de thé ou de tilleul. »

Marcel Proust (1871-1922), *À la recherche du temps perdu, Du côté de chez
Swann.*

« Les choses éclatantes, on ne les fait généralement
que par à-coups. »

Marcel Proust, *À la recherche du temps perdu.*

Marcel Proust (1871-1922)

De santé très délicate, Marcel Proust est mort d'une pneumonie. Sa
première œuvre publiée en 1896 est un recueil d'essais et de poésies,
Les Plaisirs et les Jours. À la même époque, il écrit un roman autobio-
graphique, *Jean Santeuil,* publié seulement en 1952.
Souffrant de graves crises d'asthme, il s'enferme dans sa chambre
pour écrire *À la recherche du temps perdu,* cycle romanesque en sept
volumes : *Du côté de chez Swann, À l'ombre des jeunes filles en
fleurs, Le côté de Guermantes, Sodome et Gomorrhe, La prisonnière,
Albertine disparue, Le Temps retrouvé.*
À l'ombre des jeunes filles en fleurs a obtenu le prix Goncourt en 1919.
Il s'agit de la plus grande œuvre cyclique après celle de Balzac,
incluant une réflexion sur l'écriture et sur le fonctionnement de la
mémoire.

« Nous autres, civilisations, nous savons maintenant que
nous sommes mortelles. »

Paul Valéry (1871- 1945).

« Le fond de la pensée est pavé de carrefours. »

Paul Valéry, *Quelques pensées de Monsieur Teste.*

Paul Valéry (1871-1945)

Son œuvre littéraire et philosophique est immense. Professeur de poétique au Collège de France, il était considéré comme le « poète officiel » de la IIIᵉ République.

Citons, parmi ses principales œuvres, *Charmes*, *La Jeune Parque*, *Le Cimetière marin*, *L'Âme et la Danse*, *Regards sur le monde actuel*.

Dans le domaine du « théâtre d'idées », il faut citer *Monsieur Teste* ou *L'Idée fixe*.

Il eut, comme Victor Hugo des funérailles nationales. Il est enterré à Sète, sa ville natale, au cimetière marin.

> « Tout commence en mystique et finit en politique. »
> « Tout parti vit de sa mystique et meurt de sa politique. »
> Charles Péguy (1873-1914), *Notre jeunesse*.

Charles Péguy (1873-1914)

Lié à Jaurès pendant l'affaire Dreyfus, Charles Péguy combattit pour l'établissement d'une République socialiste, universelle et humanitaire. Cependant, il désapprouvait l'antimilitarisme et l'anticléricalisme. Il fonda en 1900 les *Cahiers de la Quinzaine*.

Il publia en 1900 *Notre patrie*, en 1910 *Notre jeunesse*, et fut, dans ses combats politiques et littéraires, l'une des grandes figures de la « génération de la revanche ».

> « Si je crois à l'inspiration ? Mais bien sûr !
> Je crois même que tous les hommes sont inspirés.
> Ça s'appelle intuition. »
> « L'érudition est la mémoire, et la mémoire c'est l'imagination. »
> Max Jacob (1876-1944), *Conseils à un jeune poète*.

> « Sous le pont Mirabeau coule la Seine
> Et nos amours
> Faut-il qu'il m'en souvienne
> La joie venait toujours après la peine.
> Vienne la nuit sonne l'heure
> Les jours s'en vont je demeure.»
> Guillaume Apollinaire (1880-1918), *Alcools, Le Pont Mirabeau*.

« Comme la vie est lente
Et comme l'Espérance est violente. »
Guillaume Apollinaire, *Alcools.*

« Innombrables sont nos voies, et nos demeures incertaines. »
Saint-John Perse (1887-1975), *Pluies, VII.*

« Notre maxime est la partialité, la sécession notre coutume. »
Saint-John Perse, *Vents, I, 6.*

Saint-John Perse (1887-1975)

Ambassadeur de France et secrétaire général du ministère des Affaires étrangères, ennemi farouche du nazisme et destitué par le régime de Vichy, Alexis Léger connut une longue gloire littéraire sous le pseudonyme de Saint-John Perse. Il obtint le prix Nobel de littérature en 1960.

« Tes yeux sont si profonds que j'y perds la mémoire. »
Louis Aragon (1897- 1982), *Les Yeux d'Elsa.*

« L'avenir de l'homme, c'est la femme. Elle est
la couleur de son âme. »
Louis Aragon, *Le Fou d'Elsa.*

« Vivre, c'est faire vivre l'absurde. »
Albert Camus (1913-1960), *Le Mythe de Sisyphe.*

« La vraie générosité envers l'avenir consiste à tout donner
au présent. »
Albert Camus, *L'Homme révolté.*

Albert Camus (1913-1960)

Albert Camus a joué un grand rôle comme « intellectuel engagé », notamment dans la Résistance (mouvement Combat). À la Libération, il est le rédacteur en chef du journal du même nom, *Combat*.

Parmi ses principaux romans, citons, *L'Étranger, La Peste, La Chute* ; son théâtre, *Le Malentendu, Caligula* ; et ses écrits philosophiques, *Le Mythe de Sisyphe*.

Il a obtenu le prix Nobel de littérature en 1957, et a prononcé à cette occasion en Suède un discours qui a eu un grand retentissement.

« Sur ce sentiment inconnu, dont l'ennui, la douceur m'obsèdent, j'hésite à apposer le nom, le beau nom grave de tristesse. »

Françoise Sagan (1935-2004), *Bonjour tristesse*.

« Pour moi, le bonheur c'est d'abord d'être bien. »

Françoise Sagan.

Françoise Sagan (1935-2004).

Née Françoise Quoirez à Cajarc dans le Lot, Françoise Sagan a été l'une des plus précoces de nos jeunes écrivains : elle a connu la célébrité à 19 ans avec *Bonjour Tristesse*. Autres romans à succès : *Un certain sourire* (1956), *Dans un mois, dans un an* (1957), *Aimez-vous Brahms* (1959), *La Chamade* (1965), *Le Lit défait* (1977), *La Femme fardée* (1981). Elle a également écrit pour le théâtre, notamment *Château en Suède (1960)*.

Chapitre 5

Les arts

La création et la liberté, l'art et la vérité, l'art et la nature, le destin de l'artiste... Ce sont là quelques-uns des thèmes des citations que nous présentons en ce début de chapitre. Puis, ordonnées selon les grandes disciplines artistiques que sont la peinture, l'architecture, la musique et, enfin, le cinéma, suivent d'autres citations, toujours assorties de notices biographiques et de chronologies.

Réflexions sur l'art

« La critique est aisée, et l'art est difficile. »
Philippe Destouches (1680-1754), *Le Glorieux*.

« L'art, c'est la plus sublime mission de l'homme, puisque
c'est l'essence de la pensée qui cherche à comprendre le monde
et à le faire comprendre. »
Auguste Rodin (1840-1917), le plus illustre des sculpteurs français dont les œuvres majeures sont *Le Penseur, Le Baiser, Les Bourgeois de Calais, La Porte de l'Enfer*.

« L'art est une abstraction, c'est le moyen de monter vers Dieu
en faisant comme notre maître, créer. »
« J'ai voulu établir le droit de tout oser. »
Paul Gauguin (1848-1903).

« L'art vit de contraintes, et meurt de liberté. »
Michel-Ange (1475-1564).

« L'art est le plus beau des mensonges. »
Claude Debussy (1862-1918).

« Une œuvre sincère est celle qui est dotée d'assez de force pour donner de la réalité à l'illusion. »
Max Jacob (1876-1944).

« L'art est fait pour troubler, la science rassure. »
Georges Braque (1882-1963), *Pensées sur l'art*.

« Tout l'intérêt de l'art se trouve dans le commencement. Après le commencement, c'est déjà la fin. »
« Il n'y a en art, ni passé, ni futur. L'art qui n'est pas dans le présent ne sera jamais. »
Pablo Picasso (1881-1973).

« Je ne cherche pas, je trouve. »
Pablo Picasso, *Étude d'une femme*.

« Il n'est en art qu'une chose qui vaille : celle qu'on ne peut expliquer. »
Georges Braque (1882-1963), *Le Jour et la Nuit*.

« La mission de l'art n'est pas de copier la nature, mais de l'exprimer. »
Honoré de Balzac (1799-1850).

© Eyrolles Pratique

« L'art est un pas de la nature vers l'infini. »
Kalil Gibran (1883-1931), peintre et poète libanais.

« Pour tout peindre, il faut tout sentir. »
Alphonse de Lamartine (1790-1869), *L'Enthousiasme*.

« L'art ne vient pas se coucher dans les lits qu'on a faits pour lui.
Il se sauve aussitôt qu'on prononce son nom. Ce qu'il aime,
c'est l'incognito ; ses meilleurs moments sont quand
il oublie comment il s'appelle. »
Jean Dubuffet (1901-1985).

« L'artiste est un sculpteur de neige. »
Pierre Fresnay (1897-1975).

« Lorsque l'art entre dans une maison, la violence en sort. »
Fernando Botero (né en 1932).

« L'invention picturale ou la fantasmagorie littéraire permettent
de supporter le réel désolé en apportant
des compensations magiques. »
« Tout créateur sort de la norme. Toute innovation est anormale. »
Boris Cyrulnik (né en 1937).

La peinture

Repères et grands courants

La peinture au XVe et XVIe siècle : Renaissance et maniérisme

Avant la Renaissance, il n'y avait pas de peintre au sens moderne du terme, mais des **artisans** qui avec leurs fresques expliquaient l'histoire de la Bible à une population analphabète.

L'un des précurseurs de la Renaissance est Giotto qui utilise encore les techniques du Moyen Âge (beaucoup de couronnes dorées), mais introduit une **mise en scène** des personnages et un début de **perspective**. Car la perspective est la grande avancée technique de la Renaissance, avec le retour d'un intérêt pour l'Antiquité grecque. Avec Botticelli, la peinture se pense en fonction de l'homme et non plus en fonction de Dieu.

Après Léonard de Vinci, c'est Michel-Ange qui porte la Renaissance à son apogée (fresques de la chapelle Sixtine), dans une œuvre empreinte de tragique.

Pendant la haute Renaissance, à Rome, Raphaël glorifie la Grèce antique, tandis que la peinture vénitienne (Véronèse, Titien), se distingue par l'utilisation de couleurs riches et de majestueux drapés.

À la fin du XVIe siècle, le **maniérisme** sonne le retour de l'intimisme, avec une position caractéristique des mains (d'où le nom de maniérisme), tandis que Pieter Bruegel et Jérôme Bosch transcendent la Réforme. Le premier dénonce la décadence morale et religieuse en Europe, et le second dépeint la nature humaine avec des créatures étranges et surréalistes.

La peinture du XVIIe au XIXe siècle : du baroque au romantisme

Le **baroque** au XVIIe siècle donne la priorité aux scènes mouvementées et à la force des couleurs (Rubens, le Caravage).

Sa version classiciste est représentée par Nicolas Poussin et Claude Gelée dit Le Lorrain en France, Franz Hals, Vermeer et Rembrandt en Hollande.

Le **rococco**, style en accord avec l'opulence du XVIIIe siècle où l'aristocratie se divertit, est représenté en France par Fragonard et François Boucher, en Angleterre par Thomas Gainsborough.

Le **néo-classisisme** se répand avec notamment Jacques-Louis David, peintre officiel de Napoléon, et le très raffiné Ingres en France, tandis que Goya, peintre de la cour d'Espagne et de l'aristocratie, s'attache aussi à peindre les injustices et les faiblesses de la nature humaine.

Le **romantisme,** empreint d'énergie et de désespoir, se tourne vers l'infini avec, en Allemagne, des peintres comme Caspar David Friedrich, en France Théodore Géricault, le très productif Eugène Delacroix, chef de file du romantisme français, et en Angleterre John Constable et William Turner.

Le **naturalisme** et le **réalisme** se développent entre 1840 et 1880 avec un peintre comme Gustave Courbet et des thèmes centrés sur les occupations quotidiennes.

La peinture du XIXᵉ siècle à nos jours : du naturalisme au pop art, des ruptures en séries

L'**impressionnisme**, de 1850 à 1900, avec Claude Monet, Édouard Manet, Degas, Renoir, Seurat, constitue une véritable révolution. Les couleurs sont juxtaposées au lieu d'être mélangées et la peinture devient plus instinctive.

Le **post-impressionnisme**, de 1880 à 1910, accentue encore la distance entre l'objet et sa représentation comme dans les œuvres de Gauguin, Cézanne, Van Gogh, Toulouse-Lautrec.

Le **symbolisme**, de 1880 à 1900, avec des peintres comme James Ensor, Henri Rousseau dit Le Douanier Rousseau, Édouard Munch se veut être le miroir de l'âme

L'**art nouveau**, de 1890 à 1910, avec notamment Gustav Klimt se rapproche des thèmes romantiques.

Le **fauvisme**, de 1905 à 1920, utilise la force contrastée des couleurs avec Henri Matisse, André Derain, Maurice de Vlaminck, Georges Braque, Amadéo Modigliani.

L'**expressionnisme**, de 1905 à 1919, avec Erich Heckel, Oskar Kokoschka, Ernst Ludwig Kirchner, déforment la réalité pour susciter une réaction émotionnelle.

Le **cubisme**, de 1907 à 1925, avec Georges Braque, Picasso, Picabia, Robert et Sonia Delaunay, Juan Gris, Fernand Léger décompose et fragmente l'objet pour le recomposer à partir de formes géométriques.

Citons aussi le **futurisme**, de 1909 à 1915, avec Umberto Boccioni, le **Bauhaus**, de 1913 à 1925, plus centré sur l'architecture, le **Stijl**, de 1915 à 1930, avec Piet Mondrian, le **dadaïsme**, de 1916 à 1925, avec Max Ernst et Marcel Duchamp.

Le **surréalisme**, de 1924 à 1945, avec Dali, Magritte, Chagall, Delvaux, Max Ernst, De Chirico, Miro, Tanguy, Calder, aux confins du rêve et de la réalité, mêle le rationnel à l'irrationnel.

Citons encore l'**expressionnisme abstrait**, de 1945 à 1960, avec Hooper, Pollock et Rothko, l'**optical art**, de 1955 à 1975, avec Vasarely, le **réalisme** et l'**action artistiques**, de 1958 à 1975, avec Yves Klein, le **pop art**, de 1950 à 1965, avec Andy Warhol, David Hockney, Jasper Johns, Roy Lichtenstein, la **peinture figurative**, depuis 1970, avec Xavier Veilhan ou Francis Bacon, l'**art brut**, à partir de 1945, art spontané, indemne de toute norme esthétique convenue.

« Toute connaissance commence par les sentiments. »

« La simplicité est la sophistication suprême. »

« Le peintre doit tendre à l'universalité. »

Léonard de Vinci (1452-1519).

Léonard de Vinci (1452-1519)

Né à Vinci, près de Florence, Léonard est considéré comme l'un des plus grands génies de tous les temps. François Ier le fit venir auprès de lui, en France, où il finit ses jours au château du Clos-Lucé, près de la résidence royale du château d'Amboise.

Léonard de Vinci s'intéresse à tout. Il innove dans tous les domaines : la peinture, l'architecture, les sciences. C'est un très grand ingénieur. Il a ainsi inventé une machine à voler.

Il fut admiré de ses contemporains, pour ses œuvres remarquables (la fameuse *Joconde* a suscité bien des passions au cours de l'histoire) et pour la synthèse qu'il a faite entre l'observation scientifique de la nature et son approche artistique.

« Dans la peinture, il s'établit comme un rapport mystérieux entre l'âme des personnages et le spectateur [...] Ce qu'il y a de plus réel pour moi, ce sont les illusions que je crée avec ma peinture. Le reste est un sable mouvant. »

« Le premier mérite d'un tableau est d'être une fête pour l'œil. »

Eugène Delacroix (1798-1863).

Eugène Delacroix (1798-1863)

Eugène Delacroix est le chef de file du mouvement romantique en peinture et ses œuvres témoignent d'une grande maîtrise de la couleur. Sa pratique a été enrichie par un long séjour au Maroc, qui lui a fourni de nouveaux sujets. Il y effectua un travail très novateur sur la restitution de la lumière. Il fut l'un des premiers grands artistes à peindre l'Orient.

Il a entretenu une correspondance assidue avec Charles Baudelaire, qui avait su renouveler profondément le genre de la critique d'art. Baudelaire avait vu dans l'œuvre de Delacroix « un bain de sang hanté de mauvais anges ».

Le chef-d'œuvre le plus connu d'Eugène Delacroix est sans nul doute *La Liberté guidant le peuple* (1830).

Eugène Delacroix a fait figure, avant la lettre, d'artiste engagé, notamment pour la cause de l'indépendance de la Grèce, avec notamment deux toiles magistrales : *Les Massacres de Scio* (1824) et *La Grèce sur les ruines de Missolonghi* (1826).

« L'art de peindre n'est que l'art d'exprimer l'invisible par le visible. »

Eugène Fromentin (1820-1876), peintre orientaliste, *Les Maîtres d'autrefois*.

« Si le monde ressemble vraiment à cela, je ne peindrai plus jamais... »

Claude Monet (1840-1926), essayant de nouvelles lunettes pour corriger sa vue qui faiblissait.

« Le motif est pour moi une chose secondaire, ce que je veux reproduire, c'est ce qu'il y a entre le motif et moi. »

Claude Monet, *Carnets*.

« Peindre signifie penser avec son pinceau. »
« Il faut traiter la nature par le cylindre, la sphère et le cône. »

Paul Cézanne (1839-1906).

« La peinture est comme l'homme, mortel mais vivant toujours en lutte avec la matière. »
« Le laid peut être beau, le joli jamais. »

Paul Gauguin, (1848-1903).

© Eyrolles Pratique

Paul Gauguin (1848-1903)

Ce peintre post-impressionniste a été le chef de file de l'école de Pont-Aven, inspirateur des Nabis, puis plus tard du fauvisme. Sa peinture très caractéristique est faite de couleurs expressives travaillées en aplats, de formes pleines et volumineuses.

Après une enfance à Lima, au Pérou, et des études à Orléans, il s'embarque dans la marine marchande, puis devient agent de change et mène une vie de famille traditionnelle autour de sa femme et de ses cinq enfants.

Bientôt, il fait la connaissance de Camille Pissarro et des impressionnistes, s'essaye lui-même à la peinture puis décide de se consacrer à sa nouvelle passion. Il vit alors en Bretagne et anime le groupe de Pont-Aven.

Il passe deux mois à Arles avec Vincent Van Gogh à peindre dans l'enthousiasme, mais leur cohabitation tourne mal.

Il part ensuite pour Tahiti, où il rencontre Téhura qui devient son modèle et son inspiratrice. Après quelques années de bonheur, des soucis administratifs, personnels et de santé le rattrapent. Il décide alors de partir pour les îles Marquises afin de retrouver l'inspiration.

Après s'être cru un temps au paradis, il déchante en constatant les abus auxquels se livrent les autorités au pouvoir. Affaibli, fatigué de lutter, il meurt le 9 mai 1903.

« Il ne s'agit pas de peindre la vie, mais de rendre vivante la peinture. »

Pierre Bonnard (1867-1947).

« Peindre, c'est faire apparaître une image qui n'est pas celle de l'apparence naturelle des choses, mais qui a la force de la réalité. »

Raoul Dufy (1877-1953).

« La peinture est une machine à imprimer la mémoire [...] C'est un instrument de guerre offensive et défensive. »

« En réalité on travaille peu avec les couleurs. Ce qui donne l'illusion de leur nombre, c'est d'avoir été mises à leur juste place. »

Pablo Picasso (1881-1973).

Citations de culture générale expliquées

Pablo Picasso (1881-1973)

Picasso se forge tout d'abord une petite réputation avec des nus mélancoliques, des gens du cirque et des mendiants qu'il peint jusqu'en 1905. C'est la période bleue et rose de son œuvre.

Dès 1907, avec son ami Georges Braque, il lance le cubisme. Les objets sont représentés par des formes géométriques, et ses *Demoiselles d'Avignon* font l'effet d'une bombe.

Après une période néoclassique, il subit l'influence du surréalisme. Ses tableaux sont violents, les personnages difformes. Dans le même temps, il produit des œuvres de papiers collés.

C'est à la suite du bombardement de Guernica pendant la guerre civile espagnole qu'il réalise *Guernica* pour dénoncer les horreurs de la guerre.

Pendant la Seconde Guerre mondiale, son œuvre devient plus sombre, il réalise de très nombreuses sculptures audacieuses.

En 1949, il s'installe à Vallauris, crée un atelier de céramique et s'inspire de la corrida, de l'art africain ou des vases grecs.

Vers la fin de sa vie, il donne libre cours à son imagination et ses tableaux sont empreints du sens du tragique et de la mort.

Cet artiste prolifique dont les tableaux, sculptures, dessins, gravures, céramiques, poteries sont innombrables est un inventeur de formes nouvelles, un innovateur dans les styles et les techniques. Il a ouvert la voie à l'art contemporain.

« La peinture est un art, et l'art dans son ensemble n'est pas une vraie création d'objets qui se perdent dans le vide, mais une puissance qui a un but et doit servir à l'évolution et à l'affinement de l'âme humaine [...]
Il est un langage qui parle à l'âme, dans la forme qui lui est propre, de choses qui sont le pain quotidien de l'âme et qu'elle ne peut recevoir que sous cette forme. »

« Est beau ce qui procède d'une nécessité intérieure de l'âme.
Est beau ce qui est beau intérieurement. »

Wassily Kandinsky (1866-1944), considéré comme le fondateur de l'art abstrait ; *Du spirituel dans l'art et dans la peinture en particulier.*

« Peindre n'est pas prendre sur la palette des couleurs variées,
mais les faire naître de rien sur la toile complice. »

André Lhote (1885-1962), peintre cubiste, auteur de traités d'art et de livres sur l'art, *Peinture d'abord, Divagation sur les tissus.*

« La peinture est la face visible de l'iceberg de ma pensée. »
« Le surréalisme, c'est moi. »
« La jalousie des autres peintres a toujours été le thermomètre
de mon succès. »

Salvador Dali (1904-1989).

Citations de culture générale expliquées

L'architecture

5. Les arts

« Les empires ne se conservent que comme ils s'acquièrent, c'est-à-dire par la vigueur, par la vigilance et par le travail. »
Louis XIV (1638-1715), *Mémoires*.

« On ne fait jamais rien d'extraordinaire, de grand et de beau qu'en y pensant plus souvent, et mieux que les autres. »
Louis XIV, *Mémoires*.

François Mansart (1598-1666)

Architecte d'une grande sensibilité et d'une grande ingéniosité, François Mansart est le précurseur de l'architecture classique en France.

Son immense talent fut reconnu par Richelieu et Louis XIII qui lui passèrent de nombreuses commandes.

Dans son œuvre, il fit preuve de clarté, subtilité, rigueur et richesse d'imagination. On peut encore voir quelques-unes de ses réalisations :

châteaux de Maisons, de Belleroy, aile Gaston d'Orléans du château de Blois, hôtels Guénégaud des Brosses, de la Vrillère, Carnavalet.

Voltaire évoquait ainsi Mansart et le château de Maisons : « François Mansart a été un des meilleurs architectes de l'Europe. Le château, ou plutôt le palais de Maisons, auprès de Saint-Germain, est un chef-d'œuvre, parce qu'il eut la liberté entière de se livrer à son génie. »

Célibataire, sans enfants, élégant, Mansart avait un souci de perfection qui le conduisait à améliorer constamment ses projets initiaux. Cela a souvent retardé leur réalisation et augmenté leur coût. Mais il s'est constitué peu à peu une immense fortune et se fit construire à Paris, dans le quartier du Marais, une maison digne de sa position sociale. Il fut parfois raillé de son temps dans des pamphlets appelés « mansardes ».

Jules Hardouin-Mansart (1648-1708) est le petit-neveu de François Mansart. Il porta le titre de premier architecte du roi Louis XIV, puis d'inspecteur général et surintendant des bâtiments du roi.

Ses petits-fils **Jacques Hardouin-Mansart de Sagenne** (1709-1776) et **Jean Hardouin-Mansart de Jouy** (1703-1766) figurent parmi les grands architectes du XVIIIe siècle.

Leurs noms restent liés à la construction de l'ensemble monumental de Versailles, œuvre maîtresse de Louis XIV, prolongée par d'importants travaux au cours du XVIIIe siècle.

« L'architecte doit se rendre le metteur en œuvre de la nature. »
Étienne-Louis Boullée (1728-1799).

« L'architecture, c'est de la musique figée. »
Johann Wolfgang von Goethe (1749-1832).

« Toute beauté est fondée sur les lois des formes naturelles. L'architecture d'une ville est d'émouvoir et non d'offrir un simple service au corps de l'homme. »
John Ruskin (1819-1900), *Conférences sur l'architecture et la peinture.*

« Ainsi, durant les six mille premières années du monde, l'architecture a été la grande écriture du genre humain. »

Citations de culture générale expliquées

« L'architecture est le grand livre de l'humanité, l'expression principale de l'homme, ses divers états de développements, soit comme force, soit comme intelligence. »
« Les plus grands produits de l'architecture sont moins des œuvres individuelles que des œuvres sociales, plutôt l'enfantement des peuples en travail que le jet des hommes de génie. »
« Il est de règle que l'architecture d'un édifice soit adaptée à sa destination de telle façon que cette destination se dénonce d'elle-même au simple aspect de l'édifice. »
Victor Hugo (1802-1885), *Notre-Dame de Paris*

« Restaurer un édifice, ce n'est pas l'entretenir, le réparer ou le refaire, c'est le rétablir dans un état complet. »
« Le style est, pour l'œuvre d'art, ce que le sang est pour le corps humain, il le développe, le nourrit, lui donne la force, la santé, la durée. »
Eugène Viollet-Le-Duc (1814-1879), *Dictionnaire raisonné de l'architecture française.*

Eugène Viollet-Le-Duc (1814-1879)

Cet architecte est surtout connu pour ses restaurations de constructions médiévales. Après avoir sillonné la France en compagnie de Prosper Mérimée, inspecteur des Monuments historiques, il accomplit une œuvre immense, bien que critiquée. Principales réalisations : Notre-Dame de Paris, Sainte-Chapelle, basilique Saint-Denis, Basilique de Vézelay, cité de Carcassonne, remparts d'Avignon, châteaux de Coucy (Aisne), Pierrefonds (Oise), Roquetaillade (Gironde).

« L'architecture, c'est ce qui fait les belles ruines. »
Auguste Perret (1874-1954).

Auguste Perret (1874-1954)

Après l'école nationale supérieure des Beaux-Arts de Paris et après avoir reçu le prix de Rome, il développa la technique du béton armé dans la construction. On a dit de lui qu'il a su créer « la dynamique du béton ». Il a été désigné après-guerre pour reconstruire la ville du Havre entièrement détruite par les bombardements.

« Le logis, c'est le temple de la famille. Si le soleil entre dans la maison, il est un peu dans votre cœur. »

« L'architecture actuelle s'occupe de la maison, de la maison ordinaire et courante pour hommes normaux et courants. Elle laisse tomber les palais. Voilà un signe des temps. »

Le Corbusier (1887-1965), *Vers une architecture*.

Le Corbusier (1887-1965)

Charles-Édouard Jeanneret-Gris, dit le Corbusier, né en Suisse, est considéré comme le plus grand architecte du XXᵉ siècle. Auteur notamment de la Cité radieuse à Marseille, il a cherché à renouveler l'architecture en fonction de la vie sociale.

« La forme suit la fonction. »

« L'architecture doit désormais signifier. Elle doit parler, raconter, interroger. »

Jean Nouvel (né en 1945).

Jean Nouvel (né en 1945)

Cet architecte s'est signalé notamment à Paris par la construction de l'Institut du monde arabe (IMA), en collaboration avec Architecture Studio, Gilbert Lezenes et Pierre Soria. En 2006, il a réalisé le musée des Arts et Civilisations, quai Branly.

« Ce musée est un bijou couleur de neige, brillant dans l'azur de la Méditerranée. »

Kenzo Tange (1913-2005), parlant du musée des Arts asiatiques de Nice qu'il a construit pour le compte du conseil général des Alpes-Maritimes.

Kenzo Tange (1913-2005)

Architecte japonais, Kenzo Tange a travaillé avec des collaborateurs de l'équipe de Le Corbusier. En 1946, il devient membre de l'agence pour la reconstruction du Japon et il dirige des travaux importants à Hiroshima, notamment le parc de la Paix et le musée de la Bombe atomique.

Il se fait ensuite remarquer par la construction de la nouvelle mairie de Tokyo et ses tours jumelles.

Il a remporté en 1987 le Pritzker Architecture Prize. À Paris, il a construit en 1990-1991 l'immeuble Grand Écran, place d'Italie.

« Notre société est incapable d'inventer autre chose que des grands ensembles et des centres commerciaux. Cela résume toute notre architecture contemporaine. Un grand ensemble d'habitations, un centre commercial, une zone industrielle, voilà les trois grandes idées qui régissent les programmes de l'urbanisme contemporain. »

Michel Ragon (né en 1924).

La musique

Repères et grands courants

Le **Moyen Âge** nous a légué le chant grégorien. On retiendra par exemple le *Requiem* du compositeur franco-flamand Johannes Ockeghem (v. 1420-v. 1495).

La **musique de la Renaissance**. La musique polyphonique sacrée se développe, ainsi que la musique profane avec le madrigal et les formes dramatiques antiques. Un style polychoral, impliquant plusieurs chœurs, des cuivres et des cordes est mis à l'honneur. Les genres spécifiques à cette époque sont la chanson pour luth, le motet, la messe, la canzone et la cantate. Et les instruments : le luth, la harpe, le violon.

Le **baroque** s'étend du début du XVIIe siècle au milieu du XVIIIe siècle. C'est un style savant et sophistiqué, riche et complexe. On retiendra les compositeurs Claudio Monteverdi, Jean-Sébastien Bach, Georg Friedrich Haendel, Jean-Philippe Rameau, Georg Philipp Telemann, Jean-Baptiste Lully, François Couperin. De cette époque date l'apparition du concerto qui met en opposition un soliste avec le reste de l'orchestre.

Le **style classique** en musique s'étend par convention de 1750 à 1820. Il est donc très postérieur à l'époque classique en littérature. La renommée des compositeurs de cette époque est immense : Joseph Haydn, Wolfang Amadeus Mozart, Christoph Willibald Gluck, Ludwig von Beethoven dont la forte personnalité fait la jonction avec le romantisme. Le style est strict et rigoureux, d'une grande simplicité harmonique, le sens de la mélodie est marqué, avec des aspects dramatiques, comme dans la sonate qui a été inventée à cette époque.

Le **romantisme** couvre le XIXe siècle. La musique vise à susciter l'émotion, à bouleverser. Le piano qui remplace le clavecin permet d'exploiter des contrastes dynamiques, l'orchestration est de plus en plus audacieuse. Les sonorités sont colorées et évocatrices. La symphonie devient la forme la plus prestigieuse. Le poème symphonique, le *lied* sont créés à cette même époque, le ballet et l'opéra se développent, et le concerto (inauguré par Beethoven) permet aux compositeurs et aux musiciens de révéler leur virtuosité. Parmi beaucoup d'autres, on retiendra les compositeurs suivants : Schubert, Berlioz, Mendelssohn, Brahms, Schumann, Bellini, Verdi, Puccini, Bizet, Gounod, Wagner, Paganini, Chopin, Liszt, Tchaïkovski, Rimski-Korsakov, Léo Delibes.

La **musique moderne,** celle de la première partie du XXe siècle, n'a pas d'unité de style. Elle est au contraire l'éclosion d'expériences et d'esthétiques diverses et souvent opposées. Les éléments marquants sont le bouleversement harmonique, l'affranchissement des contraintes tonales et la bitonalité, le sérialisme, la musique électronique. Cette époque s'enrichit des apports des cultures américaine, africaine, chinoise et indienne.

De cette époque, on retiendra entre autres : Claude Debussy, Béla Bartok, George Gershwin, Arthur Honegger, Gustav Mahler, Darius Milhaud, Francis Poulenc, Sergueï Prokofiev, Sergueï Rachmaninov, Maurice Ravel, Arnold Schönberg, Richard Strauss, Igor Stravinski.

La **musique contemporaine** désigne les courants apparus après la fin de la Seconde Guerre mondiale qui ont en commun de remettre en cause la musique tonale. L'apparition des techniques électrique, électro-acoustique, puis informatique leur a ouvert un nouvel espace inconnu jusqu'alors. Les différents mouvements sont la seconde école de Vienne, les « sérialistes » (musique sérielle, notamment dodécaphonique, avec douze sons), la musique électronique, électroacoustique et informatique, la musique répétitive, les conceptuels et l'école spectrale.

De cette époque, on retiendra entre autres : Arnold Schönberg, Alban Berg, Anton Webern, Edgard Varèse, Olivier Messiaen, Pierre Boulez, Karlheinz Stockhausen.

Le **Jazz**, né aux États-Unis au début du XXᵉ siècle, puise sa source dans les chants religieux (negro spirituals puis gospel) et les *work songs* (chants de travail des esclaves noirs), le blues, le ragtime et la musique européenne. C'est un mélange qui a su intégrer des courants très divers et se prêter à de nombreux métissages au cours de son évolution (jazz, swing, jump blues, lindy hop, rock'n'roll, boogie-woogie, be-bop, hard-bop, jazz-rock, jazz afro-cubain avec la bossa-nova, et plus récemment acid jazz, smooth jazz, future jazz).

Le jazz a connu un tournant autour des années 1940 : de simple musique de dancing, il devient, avec le be-bop, axé sur l'habileté technique des musiciens et une plus grande complexité harmonique, un art de premier plan.

Ses éléments distinctifs sont le rythme, le swing (le moment de grâce où le « feel » et l'interaction entre les musiciens décollent), l'improvisation (Louis Armstrong était capable de créer d'infinies variations sur le même thème), l'interaction de groupe, le développement d'une voix individuelle innovatrice et créatrice, l'ouverture à toutes les possibilités musicales. Les morceaux les plus connus sont pour la plupart issus des comédies musicales de Broadway.

Les artistes à retenir, parmi d'autres : Louis Armstrong, Duke Ellington, Roll Morton, Benny Goodman, Glenn Miller, Miles Davis, Charlie Parker.

« Le but de la musique devrait n'être que la gloire de Dieu et le délassement des âmes. Si l'on ne tient pas compte de cela, il ne s'agit plus de musique mais de nasillements et beuglements diaboliques. »
« La musique : une harmonie agréable célébrant Dieu et les plaisirs permis de l'âme. »
Jean-Sébastien Bach (1685-1750).

« En honnête homme et devant Dieu, Wolfgang est le plus grand compositeur que je connaisse. »
Joseph Haydn (1732-1809), qui parlait ainsi de Mozart.

« Le vrai génie sans cœur est un non-sens. Car ni intelligence élevée, ni imagination, ni toutes deux ensemble ne font le génie. Amour ! Amour ! Amour ! Voilà l'âme du génie. »
Wolfgang Amadeus Mozart (1756-1791).

Wolfgang Amadeus Mozart (1756-1791)

Mozart est un enfant prodige qui joue à quatre ans, improvise à cinq et compose à onze ans.

Avec son père et sa sœur, eux aussi musiciens, il parcourt l'Europe où il est admiré des Grands à la fois comme virtuose et comme compositeur. Mais il revient toujours à Salzbourg où il meurt à l'âge de 38 ans en laissant une œuvre immense.

Épicurien et affectueux, Mozart a toujours été attiré par les femmes, mais n'eut qu'une passion, sa femme Constanze. Sociable, gentil, généreux, il riait de tout et de rien, et se livrait à de nombreuses facéties et à des jeux de mots d'un goût douteux.

Il se savait doué d'une céleste inspiration, capable de concevoir une mélodie à la fluidité parfaite.

Son œuvre est immense : plus de 600 compositions dans les domaines de la musique symphonique, de la musique de chambre, de la musique d'église, des opéras.

Voici ses œuvres les plus célèbres et les plus jouées :

Trois symphonies : n°39 en *mi* bémol majeur, n°40 en *sol* mineur, n°41 en *do* majeur.

Trois concertos pour piano : n° 21 en *ut* majeur, n° 23 en *la* majeur, n° 26 en *ré* majeur.
Le concerto pour clarinette.
Les quatuors à cordes dédiés à Haydn.
Trois sonates pour piano : n° 9, 11, 14.
Deux sérénades : n° 10 et n° 13 appelée aussi *Petite Musique de nuit*.
Deux messes solennelles : n° 14, n° 16
Trois des dix-huit opéras : *Les Noces de Figaro*, *Don Giovanni*, *La Flûte enchantée*.

« Le plus prodigieux génie l'a élevé au-dessus de tous les maîtres, de tous les arts, de tous les temps. »

Ludwig von Beethoven (1770-1827), parlant lui aussi de Mozart.

« Ô vous, hommes qui pensez que je suis un être haineux, obstiné, misanthrope, ou qui me faites passer pour tel, comme vous êtes injustes ! Vous ignorez la raison secrète de ce qui vous paraît ainsi. [...] Songez que depuis six ans je suis frappé d'un mal terrible, que des médecins incompétents ont aggravé. D'année en année, déçu par l'espoir d'une amélioration, [...] j'ai dû m'isoler de bonne heure, vivre en solitaire, loin du monde [...] Si jamais vous lisez ceci un jour, alors pensez que vous n'avez pas été justes avec moi, et que le malheureux se console en trouvant quelqu'un qui lui ressemble et qui, malgré tous les obstacles de la Nature, a tout fait cependant pour être admis au rang des artistes et des hommes de valeur. »

« Prince, ce que vous êtes, vous l'êtes par le hasard de la naissance. Ce que je suis, je le suis par moi. Des princes, il y en a et il y en aura encore des milliers. Il n'y a qu'un Beethoven. »

Ludwig von Beethoven.

Ludwig von Beethoven (1770-1827)

D'origine allemande, Beethoven vécut à Vienne alors capitale incontestée de la musique. Il se situe à la charnière du classicisme viennois et du romantisme : ses premières œuvres sont influencées par Haydn ou Mozart tandis que ses œuvres ultérieures, riches d'innovations, ont ouvert la voie aux musiciens, tels Brahms, Schubert, Wagner, Bruckner vers un romantisme exacerbé.

Touché dès 1802 par une surdité qui allait devenir totale en 1820, Beethoven doit renoncer à sa carrière d'interprète et se consacrer totalement à la composition, avec une force de caractère insoupçonnée.

Son œuvre se caractérise par son énergie, sa vitalité créatrice, sa puissance expressive, sa virtuosité, son hommage à la nature. Elle manifeste le triomphe de l'héroïsme et de la joie d'un compositeur fortement marqué par la vie.

Sur le plan personnel, Beethoven s'éprit de plusieurs femmes, fut profondément affecté par un projet de mariage qui ne se fit pas et par la mort de son frère, car il prit en charge l'éducation de son neveu qui devint pour lui une source permanente de soucis.

Beethoven toucha à tous les genres musicaux. La musique symphonique fut sa principale source de notoriété, mais c'est dans l'écriture pour piano et la musique de chambre que se distingue le plus son génie. Un de ses apports majeurs, à la suite de Haydn, est de bâtir un mouvement entier à partir d'une cellule thématique réduite, accompagnée par une extension du développement jusque-là inédite.

Ses œuvres principales : Neuf symphonies , dont la 3e dite *Symphonie héroïque*, la 6e dite *Symphonie pastorale*, et la 9e qui comporte l'*Ode à la Joie* (devenue l'hymne européen).

Cinq concertos pour piano, dont le concerto n° 5, dit de *l'Empereur*.

Onze ouvertures et un opéra, *Fidelio*.

Trente-deux sonates pour piano dont la *Pathétique, Au Clair de lune et Pastorale*.

Cinq variations pour piano et quatre bagatelles pour piano.

Musique de chambre : quatuors à cordes, sonates pour violon et piano, pour violoncelle et piano, pour piano, violon et violoncelle.

Des œuvres de musique sacrée, dont la *Messe solennelle*.

« En France, tout le monde adore la musique, mais personne ne l'aime. »

« Ah ! quel talent je vais avoir demain. »

« La chance d'avoir du talent ne suffit pas ; il faut encore le talent d'avoir de la chance. »

Citations de culture générale expliquées

« Il faut collectionner les pierres qu'on vous jette.
C'est le début d'un piédestal. »

Hector Berlioz (1803-1869).

Hector Berlioz (1803-1869)

Ce compositeur français se voyait lui-même comme un compositeur classique, mais il est considéré comme l'un des meilleurs représentants du romantisme, bien que sa musique soit irréductible à toute école et empreinte d'une grande originalité. Il fut aussi écrivain et critique de talent.

Son œuvre est marquée par un humour ravageur, rigoureux dans l'écriture et exalté dans l'exécution, de très grandes formations orchestrales et des orchestrations d'une très belle richesse de timbres et de couleurs.

Ses œuvres principales :

Symphonie fantastique, *Le Roi Lear*, *Roméo et Juliette* (œuvres orchestrales).

Benvenuto Cellini, *Damnation de Faust*, *Les Troyens* (opéras).

La Mort d'Orphée, *La Mort de Cléopâtre*, *Grand-Messe des morts*, *Nuits d'été* (œuvres chorales).

« La musique commence là où s'arrête le pouvoir des mots. »

« La joie n'est pas dans les choses, elle est en nous. »

Richard Wagner (1813-1883).

« La musique doit humblement chercher à faire plaisir, l'extrême complication est le contraire de l'art. »

« Je n'aime pas les spécialistes. Se spécialiser, c'est rétrécir d'autant son univers. »

Claude Debussy (1862-1918).

« Trop de morceaux de musique finissent trop longtemps après la fin. »

« J'ai dit quelque part qu'il ne suffisait pas d'entendre la musique, mais qu'il fallait encore la voir. »

Igor Stravinsky (1882-1970).

Le cinéma

Repères et grands courants

On doit les débuts du cinéma aux frères Lumière, Auguste (1862-1854) et Louis (1864-1948). C'est en 1895 qu'est projeté le premier film en séance publique. Sont produits la même année : *La Sortie des usines Lumière*, *L'Arrivée d'un train en gare de La Ciotat* et *L'Arroseur arrosé*.

Vers 1900, Georges Méliès, illusionniste, réalise les premières fictions et c'est un cinéaste américain, David Wark Griffith, qui codifie un peu plus tard les principes du langage cinématographique.

Jusqu'à la fin des années 1920 le cinéma est muet, les dialogues inscrits sur des cartons appelés intertitres et les projections souvent accompagnées par un musicien qui joue dans la salle.

À partir de 1927 le cinéma devient parlant. Ce sont les grandes compagnies de production de Hollywood qui tiennent le marché.

La couleur fait son apparition dans les années 1950, ainsi que les formats larges et l'allègement du matériel. Dans les années 1960, c'est au tour du numérique d'enrichir la panoplie technique du cinéma.

Après la guerre, le cinéma moderne est en rupture avec le style hollywoodien, dans la mesure où il privilégie le monde tel qu'il est.

Dans les années 1960 apparaît le cinéma « underground » américain, très lié aux mouvements sociaux.

La Nouvelle Vague, dans les années 1960, se caractérise par une esthétique neuve (montage haché, elliptique, ou au contraire plans très longs ; mélange de fiction et de documentaire) et de nouveaux sujets (jeunesse, crises existentielles, revendications politiques).

Voici les cinéastes emblématiques de ce courant : François Truffaut, Jean-Luc Godard (France) ; Michelangelo Antonioni, Pier Paolo Pasolini (Italie) ; Milos Forman, Miklos Jancso, Andreï Tarkovski (Europe de l'Est) ; Rainer Werner Fassbinder, Wim Wenders (Allemagne) ; John Cassavetes, Glauber Rocha (Amérique du Nord et du Sud).

« Muet de naissance. »

L'une des définitions de mots croisés les plus célèbres de Tristan Bernard (1866-1947). Il s'agit bien sûr du cinéma.

« Ce qui est beau, au cinéma, ce sont les raccords ; ce qui pénètre par les joints, c'est la poésie. »

« Le cinéma sonore a inventé le silence. »

Robert Bresson (1901-1999), l'un des grands maîtres du cinéma français.

« Qui nierait que le cinéma sonore nous a fait découvrir le silence ? »

« Le silence est la plus belle conquête du cinéma parlant. »

Henri Jeanson (1900-1970).

« En 2024, le cinéma aura contribué à éliminer de la surface du monde civilisé tout conflit armé. »

« Fais tes films à ta manière. Mets-y ta marque. Prends une position et tiens-la. Tu te feras des ennemis, mais tu feras de bons films. »

Robert Bresson.

David Wark Griffith (1875-1948)

D. W. Griffith (né dans le Kentucky et mort à Hollywood) avait commencé une carrière d'écrivain et d'acteur, interprétant de nombreux films. Devenu réalisateur, il est considéré comme l'un des plus grands cinéastes. Il a réalisé plus de 400 films, dont des chefs-d'œuvre tels que *La Naissance d'une nation* (1915) et *Intolérance* (1916). Il a travaillé avec les plus grandes vedettes : Charlie Chaplin, Douglas Fairbanks, Mary Pickford. Sa carrière s'acheva avec l'avènement du cinéma parlant.

Le cinéaste russe Sergueï Eisenstein a déclaré à son sujet : « C'est Dieu le Père, il a tout créé, tout inventé. Il n'y a pas un cinéaste au monde qui ne lui doive quelque chose. Quant à moi, je lui dois tout. »

« Entre l'histoire et la légende, je choisirai toujours la légende. »

« Quand les faits se sont transformés en légende, publiez la légende. »

John Ford (1895-1973).

5. Les arts

John Ford (1895-1973)

Irlandais d'origine, il a rejoint Hollywood pour devenir assistant, réalisateur et acteur de séries. Il dirigea son premier film pour Universal, *Straight Shooting*, puis tourna près de 70 longs métrages, atteignant une grande notoriété avec l'avènement du cinéma parlant. Avec Marion Michael Morrison, devenu John Wayne, il trouva son grand acteur.

Pendant un demi-siècle, il a défendu et incarné les valeurs de la civilisation américaine. Avec ses personnages spécifiques : le shérif, le cow-boy bagarreur ou au grand cœur, le délinquant repenti, les diverses figures d'officiers et soldats, ou encore médecins ou journalistes. Ses valeurs étaient le courage, la liberté, la démocratie, la prise en charge par chacun de son destin personnel.

Parmi ses chefs-d'œuvre : *Le massacre de Fort-Apache* (premier film qui rendit leur dignité aux Indiens), et *L'homme qui tua Liberty Valance*, apologie des valeurs de la démocratie américaine.

« Il y a en moi un désir d'apprendre qui est aussi puissant que mon désir de savoir. »

« Le cinéma, c'est l'art de faire faire de jolies choses à de jolies femmes. »

François Truffaut (1932-1984), parlant de son film *L'homme qui aimait les femmes*.

François Truffaut (1932-1984)

Il a d'abord été l'un des plus brillants critiques de sa génération aux *Cahiers du cinéma* avant de devenir l'un des meilleurs réalisateurs de la Nouvelle Vague.

Après sa révélation en 1958-1959 (prix de la mise en scène au festival de Cannes en 1959), il tourne un film par an.

De lui, on retiendra notamment les films suivants : *Les Quatre Cents Coups, Baisers volés, Jules et Jim, La Chambre verte, Vivement dimanche, Tirez sur le pianiste, Une belle fille comme moi, Fahrenheit 451, L'Enfant sauvage, La Nuit américaine, L'Histoire d'Adèle H, Le Dernier Métro, La Femme d'à côté.*

« Le cinéma, c'est un stylo, du papier, et des heures à observer
le monde et les gens. »
« La vie, c'est très drôle, si on prend le temps de la regarder. »
Jacques Tati (1907-1982).

« Pour faire un bon film, il faut premièrement une bonne histoire,
deuxièmement une bonne histoire, et troisièmement
une bonne histoire. »
« Je crois que la vérité fait toujours scandale. »
Henri-Georges Clouzot (1907-1977).

Table des matières

Sommaire 5
Introduction 7

Chapitre 1 : L'histoire 9

Réflexions sur l'histoire 11
Citations de l'histoire mondiale 14
    Antiquité 14
    Époques moderne et contemporaine 16
Citations de l'histoire de France 26
    Époques médiévale et moderne 26
    Époque contemporaine 30

Chapitre 2 : Les religions 39

Réflexions sur la religion 41
    Les préceptes des différentes religions 48
Le judaïsme 50
Le christianisme 53
    Les sacrements dans les religions chrétiennes 56
L'islam 57
L'hindouisme 60
Le bouddhisme 63

Chapitre 3 : La philosophie 67

Réflexions sur la philosophie 69
L'Antiquité, berceau de la philosophie 72

Le Moyen Âge et la Renaissance : du spiritualisme à l'humanisme ...75

Le XVIIe siècle : entre grâce et cartésianisme 78

Le XVIIIe siècle ou le Siècle des lumières 83

Le XIXe siècle : une rupture philosophique 88

Le XXe siècle : sous le signe de l'angoisse 92

Chapitre 4 : La littérature 97

Réflexions sur la littérature et la langue française 99

Le Moyen Âge et la Renaissance 102

    Le Moyen Âge : chanson de geste et roman courtois 102

    Le XVIe siècle : poésie et foi en l'homme 104

Le XVIIe siècle : du baroque au classicisme 107

Le XVIIIe siècle ou le Siècle des lumières 112

Le XIXe siècle : du romantisme au symbolisme 117

Le XXe siècle : la quête de l'originalité 122

Chapitre 5 : Les arts 129

Réflexions sur l'art 131

La peinture 134

L'architecture 141

La musique 146

Le cinéma 152

www.ingramcontent.com/pod-product-compliance
Lightning Source LLC
Chambersburg PA
CBHW060033210326
41520CB00009B/1110